U0106118

JPC

簡明

香港足球史

賴文輝　著

序 一

香港是中國最早接受西方特別是英國文化的城市之一。一百多年來，英國文化對本地華人在宗教、思想、教育、醫療、衣、食、住、行，以至文娛康樂各方面均有深遠影響。但本地華人在吸納西方文化時是有所取捨的，比方英國人酷愛打木球，香港木球會的場地曾長期佔據著中環的中心地帶，但無論英國人和南亞裔人如何熱愛這種運動，華人對此卻絲毫不感興趣，但對英國人引以為傲的另一種運動 —— 足球卻趨之若鶩。

香港第一間華人足球會 —— 南華足球會便是由一班「番書仔」在二十世紀初成立的。自此，足球便成為港人最熱愛的運動。戰前「中華民國」國家隊的骨幹球員如李惠堂、譚江柏、葉北華都是香港人，他們還出席過奧運會，在亞洲難尋敵手，那是香港足球的萌芽期。年代久遠，有關人等，早已離世。戰後香港球壇出現過兩個高潮：其一是五六十年代，另一個是七八十年代。在前一時期吒咤球壇的是姚卓然、莫振華、何祥友、黃志

強、李育德、劉建中、郭氏三兄弟、羅國泰、林尚義等，經典戰役是南巴大戰。那時候，花墟球場爆滿，附近山頭也擠滿了球迷，老一輩球迷至今仍是津津樂道。余生也晚，得以入球場觀賽時，有「香港之寶」美譽的姚卓然、莫振華已高掛球靴，只留下「牛屎」黃志強及「肥油」何祥友等還馳騁球場。猶記得那時候大批本地球員仍代表「中華民國」出賽，左派報紙戲稱為「港產台灣腳」。那些年，香港的足球水準在亞洲名列前茅，只有南韓可以匹敵。

在六七十年代，張子岱、張子慧、張耀國、區彭年、袁氏兄弟、鍾楚維、郭家明、黃文偉等崛起，除了南華仍是球壇擎天一柱外，愉園、星島、消防、加山也具問鼎實力，可跟南華爭一日之長短。那時候，南愉之戰令人血脈沸騰、目不轉睛，曾效力黑池的「阿香」張子岱腳法瀟灑，為廣大球迷之偶像。

七八十年代是香港球壇大放異彩的黃金時代，主因是一些經濟實力雄厚的商業機構，如怡和、精工、寶路華等組隊參加甲組聯賽，引進不少頗有名氣的外籍球員，大大增加了本地球賽的刺激性。那時候，電視尚未普及，香港球迷鮮有機會得睹世界級球星的風采，而精工先後引進了居里、華德、曼奴、南寧加、連尼加賀夫等球星，而寶路華亦禮聘了赫捷臣、柏蘭尼、查理佐治，傳統勁旅東方亦引入了阿倫波爾、卜比摩亞，一時間，群雄並起，打破了傳統勁旅如南華、愉園等的壟斷地位。其中尤以精工

在班主黃創山領導下，除招攬海外球星外，還禮聘外籍教練，引進現代管理，一共奪取了九屆聯賽冠軍。其中以 1976 年 11 月 28 日的南精大戰，至為哄動，大球場四邊紅旗高掛，座無虛席，比賽過程峰廻路轉，扣人心弦，作為擁南蠆的我，眼見南華以四球領先，大喜過望，滿以為大局已定，怎料下半場形勢逆轉，反勝為敗，那種失落感，實難以言喻。此時期論華裔球員，首推腳法細膩、射術了得的「大頭仔」胡國雄，他是繼早前的姚卓然、張子岱後另一位球迷偶像，同時期的還有仇志強、黃達才、陳發枝、尹志強、蔡育瑜、馮志明、施建熙、劉榮業、何容興等。1984 年及 1986 年寶路華及精工先後因足球總會改制而退出甲組聯賽，令本地球壇大為失色，也是香港足球走下坡的開始。

香港足球在五六十年代與南韓不相伯仲，而凌駕於亞洲其他諸國之上。在七八十年代，亞洲各國急起直追，香港已被部分國家超越，但香港足球隊仍偶有佳作，比方 1975 年的六二四之役，香港隊在領先下被北韓逼和，僅射十二碼時敗於北韓；兩年後，揚威新加坡，取得世界盃外圍賽小組首名出線。更加燴炙人口的是 1985 年的五一九之役，香港隊在一致看淡下，在北京工人運動場擊敗中國國家隊，震驚內地球壇。猶記得六二四之役，我也是座上客，最後射十二碼時場內氣氛高漲，心跳幾乎停頓，那種緊張心情實非筆墨可形容。

九十年代以還，香港足球起起伏伏，整體來說是走下坡路，無法與全盛時期比較，比賽入座率愈來愈低，紅旗高掛的日子一去不回，在國際賽中輸多贏少，除了每年的賀歲波或有歐美勁

旅訪港，去大球場趁趁熱鬧外，我已絕跡於本地賽事。去年知悉南華主動向足球總會提出降級到甲組作賽，才驚覺原來本地足球已衰敗至此，作為早年狂熱的擁南躉，實感到無比唏噓！昔日的「亞洲足球王國」還有明天嗎？我們可重拾昔日的輝煌嗎？那是廣大本地球迷的願望，大家可拭目以觀。

然而，有系統地總結香港一百多年來，特別是戰後足運的發展，實在是急不容緩。賴文輝這部《簡明香港足球史》，以豐富的材料、嚴謹的方法、系統的整理，娓娓道來的陳述方式，介紹了香港開埠以來足運的發展歷程，愛好足球的朋友，支持本地足球的球迷，實在不容錯過。

丁新豹

前狂熱擁南躉

序 二

關於香港足球的書籍，不算很多，但也不能說十分短缺。不過，論涵蓋不同歷史時段和討論範圍，則應以賴文輝先生這部《簡明香港足球史》最為全面。作為球迷，我喜見本書的出版。

我相信，所有足球「發燒友」總會想過，要為這項自己熱愛的運動做點事：有人將收藏品（由足球刊物、紀念品到球衣）公諸同好，有人要為偶像作傳等等。曾經想過寫一部香港足球史的，估計不在少數。但坐言起行，並且認真將事情做好的，則未必人人都能做到。賴君就是成功的少數。以前跟他聊天，發覺他對書寫香港足球史態度認真，除了花上不少氣力去搜尋資料之外，還四處外出訪問，盡力做好研究，並把成果跟大眾球迷分享。跟他談足球，完全感受到他的熱誠。

本書順利出版之後，我更期待賴君的下一個足球寫作計劃。正如我在開首的一段提到，香港不乏有關足球的書籍，但關於我們足球運動的發展，還有很多空白的地方需要球迷幫忙填寫，

以便我們對它有更全面和系統的瞭解。的確，只要每人「多走一步」，便有可能建立一個香港足球文庫，當中的內容不只是懷舊一番，又或者是球迷感性意見的發表，而是很踏實的資料整理和研究。特別是在材料逐漸散失的今天，是需要更多人參與工作。在這項工作上，賴先生給我們作出了一次很好的示範。

呂大樂

序 三

....

　　賴文輝兄邀請我為《簡明香港足球史》寫序，我馬上答應
了。認識賴兄是從報紙上，知道他與有志研究香港足球的朋友於
2015 年成立香港足球史學會，亦曾於 2013 年寫成《香港十大名
將》，是一位研究香港足球歷史的有心人。是次，他以精煉的文
字道出香港足球百餘年的發展，讓讀者可以很容易地掌握整個歷
史脈絡，也是年輕一輩了解香港足球的一部入門著作。

　　香港足球，擁有超過一百年的歷史，曾經是牽動整個香港社
會的體育運動，不少人為它而瘋狂，雖然輝煌歲月已成過去，但
它仍有說不完的故事。近年，我多以「香港足球有故事」為題，
於中學及大學跟學生談香港足球歷史，短短兩個小時我通常會從
1968 年香港足球職業化說起，原因之一，是因為曾撰寫《香港
足球誌》，手上比較多這時期的第一手資料；其二是時間上難以
談得太長；其三是較多的相片及影片，容易引起年輕人的注意。
每當人們談起曾有世界盃國腳效力香港球隊；有頂級香港球員轉

會，班主贈送一層樓房作為轉會條件時，年輕人通常都會感到很驚奇。

不過，如果再說到更早的年代，香港球員曾代表「中華民國」奪得兩屆亞運金牌、香港球隊像現今歐洲球隊一樣，受重金禮聘外訪踢表演賽、以至香港曾出產與比利等球星齊名的球王李惠堂，或許年輕人會更覺得難以置信。故此，一部《簡明香港足球史》是需要的，至少讓他們知道香港足球昔日的輪廓，慢慢地再接觸更多的歷史故事。

發展香港足球，又或者發展一種可讓球迷追隨的足球文化，我認為歷史元素是不可或缺的。當外國球迷談起自己的國家及喜愛的球隊時，他們都能如數家珍般一一道來，這實有賴官方及球會對於足球歷史的重視。外國球會通常會在自己的球場內有一個小小的歷史博物館及名人堂，官方刊物會不時回顧昔日球星及歷史故事，務求讓球會的光榮融入到球迷的血液中。香港球隊在這方面大多受到客觀條件限制而很難做到，即使像精工如此成績輝煌的球隊，也有散班的一天。

在球市「冰河時期」（1990 年代末至 2000 年中期），有些球迷進場看香港波，是會被朋友訕笑的。那時候直播外國球賽開始流行，很容易就能欣賞到高質素賽事，不少人都會質疑「仲睇香港波？」之餘，更會嘲笑在球場內球員比球迷還要多（2000 年初曾有一場甲組賽事只有二十八名球迷進場，但較資深的球迷會

表示，這比 1979 年卜公對警察的一場賽事只有八名球迷好得多了）。隨著南華在 2006 年開始「大搞」，地區球隊和富大埔亦成功衝甲，加上 2009 年香港隊取得東亞運金牌，以及後來政府推出鳳凰計劃，多了球迷關注香港足球，情況才有所改善。

如果熟知一點香港足球歷史，那時候會否不會有那麼多人看不起香港足球，又或者會更緊張球隊，多了入場支持？我不敢下定論，因為始終要視乎大環境及各樣配套，不過這讓我想起有一次到中學出席香港足球講座的經歷。一位中學生表示他十分喜歡東方，每次賽事都會進場支持，原因是前幾年東方在超級聯賽成績卓越，前教練陳婉婷更成為第一位執教男子最高級別球隊而奪冠的女教練，但原來他不知道在九十年代東方王朝的成績其實比現在更好。他在講座上第一次看到長髮披肩的李健和的傳中絕技，講座後我跟他談了一會，他表示會再找以前東方的比賽影片看，而我從他的表情裡看到他應該會更喜歡自己的球隊。

香港足球過去有很多輝煌戰績，在《簡明香港足球史》亦有列出戰後三場經典賽事：1975 年於亞洲盃外圍賽與北韓激戰三小時而落敗，1977 年世界盃外圍賽作客小勝新加坡，以及 1985 年同樣是世界盃外圍賽作客力克中國（五一九之役），後兩者每逢十年都有不少媒體大肆報道，更有團體藉此舉辦紀念賽，2015 年就邀請了英超昔日名將史高斯、皮利斯、安達頓等於小西灣運動場與香港足球名宿及其他球員比賽，以紀念五一九之役。年輕球迷進場肯定是為看英超球星，但從中至少聽到有關五一九之役的一二，總算是讓年輕球迷認識香港足球歷史的好機會。

《簡明香港足球史》亦有提到球王李惠堂的事跡，除了與比利等球王齊名，他更曾任亞洲足協創會秘書長、國際足協副會長，在國際球壇有著舉足輕重的地位。李惠堂祖籍梅州，在香港出生，香港的年輕一輩可能不知他是何許人，但梅州原來不少兒童都知道李惠堂的故事。梅州近十年積極推動足球改革，除推出振興足球之鄉十年規劃外，亦以「李惠堂」這個名字凝聚民心，支持足球發展，是以於李惠堂誕辰一百一十週年舉辦大型學術研討會，將李惠堂故居列為旅遊景點、樹立石像，據悉將來還會建立博物館及足球學院（有趣的是，台中市有足球學校借李惠堂帶領「中華民國」在亞運奪冠，也設立了李惠堂足球學院）。可惜我們卻不能把握這些歷史文化內涵，從而凝聚民心關注香港足球。

　　借是次序言，希望更多人可以關注香港足球歷史。對剛剛開始看香港波的年輕人來說，《簡明香港足球史》是非常容易入口的圖書。如要進一步認識香港足球歷史，在本書中也列出了不少參考書目。當你了解更多關於昔日香港足球事跡，相信你會有更多理由去撐香港波。

莫逸風

《香港足球誌》作者

序　言

∙∙∙∙∙∙∙∙∙∙∙∙∙∙∙∙∙∙∙

　　我從小便跟著爸爸在花墟球場看足球，有幸見證香港足球盛世的尾聲，親眼目睹胡國雄、鍾楚維、仇志強等球星的英姿，也承襲了爸爸記錄球賽資料的習慣，並立志大學畢業後擔任體育記者。

　　近年熱衷香港足球史研究，2013 年走訪十位香港足球經典名將，撰寫成《香港十大名將》。在研究香港足球史的過程中發現，香港足球雖然曾經有「遠東足球王國」或「亞洲足球王國」的美譽，但是相關的研究與著作，與它的輝煌歷史完全不成比例。有關香港足球的歷史記載，只是散見於舊報章雜誌，以及一些以香港足球為題材的書籍。以戰前足球歷史為主的《球國春秋》，更是現存唯一對香港足球歷史作有系統記載的書籍，可是此書出版已經超過六十年，市面上已沒有流通了。

　　影響所及，不但球迷對香港足球歷史的認識，只是靠老一輩口耳相傳，可信性固然成疑，就連香港及中國內地傳媒的報

導，往往亦是不盡不實，出現不少以訛傳訛，甚至是穿鑿附會的錯誤。

有見及此，我期望透過撰寫本書，對香港足球歷史進行一次有系統的整理，從而將香港足球過去一百七十多年來的發展，作出概括性的描述，使其能夠較完整地呈現在讀者眼前，藉以糾正過往的謬誤，讓香港年輕一代，能夠正確地認識香港足球昔日輝煌的歷史。由於篇幅所限，還有不少部分未有提及，故本書只以「簡明香港足球史」命名，而不敢妄稱「香港足球史」。

必須指出的是，本書有關戰前香港足球歷史的篇幅，部分內容是改寫自我的碩士畢業論文〈香港足球運動早期發展研究1841—1941〉。在此，我特別感謝我的論文指導教授李學銘老師的悉心教導，以及兩位校外評審蕭國健教授與羅永生教授的寶貴意見。此外，還要多謝嶺南大學歷史系劉智鵬教授、三聯書店梁偉基先生，以及香港足球史學會仝人的協助，使本書得以順利出版，謹此致謝。

賴文輝

2018 年春

目　錄

1

初創時期

香港足球會與銀牌賽

　　現代足球起源於英國公學的運動場，於十九世紀中葉開始出現。1863 年 10 月 26 日，英格蘭足球總會於倫敦成立，是歷史上第一個現代足球組織，這一天亦被視為現代足球的誕生日，因此英國被公認為現代足球的發源地。

　　香港足球的歷史，由成為英國殖民地而揭開序幕。隨著遠東艦隊總司令伯麥（James J.G. Bremer）於 1841 年 1 月登陸上環水坑口，並由英國駐華商務總監查理義律（Admiral Charles Elliot）擔任行政官，英國開始佔領香港。次年，中英兩國簽訂《南京條約》，香港正式開始了英國殖民歲月，包括現代足球的多種英式運動亦隨之傳入香港。[1] 足球最初只是英國駐港政府官員與洋行職員及其家眷的體育活動，後來發展成為英軍各個軍團及戰艦之間的比賽。

　　香港開埠初期，只得跑馬地馬場中央草地的黃泥涌運動場可以進行體育運動。到了 1880 年代，香港政府進行銅鑼灣第二期填海工程，將海岸線伸延至今日的高士威道。新填地原本打算賣給華人發展商，以紓緩上環一帶華人居住環境過於擠逼的問題。可是由於電車服務並未按照原定計劃，同時延長至銅鑼灣，交通不便令填海得來的新生地，一直沒有地產商問津。在土地閒置多年之後，政府決定將這塊土地開闢為運動場。為了慶祝維多利亞

女皇登基六十週年，於是命名為女皇運動場（Queen's Recreation Ground），並將部分場地撥給學校使用，藉以鼓勵年輕人多做運動。[2] 政府這個決定，對香港足球運動普及化，委實有很大助益。

早期的香港足球，只是軍隊或戰艦之間的比賽，以及民間的休閒活動，到了 1886 年才出現了重大突破，旅居香港的英國僑民及軍人，組成了全亞洲第一間足球會 —— 香港足球會（Hong Kong Football Club，簡稱港會）。同年 2 月 12 日，當時擔任助理輔政司的駱克爵士（Sir James Lockhart），在中環 Victoria Recreation Club 的健身房，召開了本港足球史上一次重要會議。與會者共有十七人，分別來自英格蘭、蘇格蘭、威爾斯及愛爾蘭，當中包括有公務員、文員、商人、金融經紀、工程師以及軍人。

這次會議通過了成立香港足球會的決定，並選出了第一屆幹事會，由英國商人亨利‧科士（Henry Foss）擔任創會會長。會後即密鑼緊鼓展開籌備工作，於同年 4 月正式成立，成為亞洲現存歷史最悠久的足球組織。[3]

香港足球會成立之前，其他很多運動，包括賽馬、草地滾球、木球等，在香港的參與人數都比足球為多。駱克創辦香港足球會後，引入正式的比賽，加上他政府高官的身份，以半官方形式推動足球運動發展，自然顯得事半功倍。

不過，香港足球會成立初期，並沒有自己的專屬球場，只是和其他軍民運動團體，包括馬球、木球、曲棍球等，共同使用跑馬地馬場中央草地，真正可供舉行足球比賽的時間並不多。其

▲二十世紀初的銅鑼灣，左下方便
是女皇運動場（Queen's Recreation
Ground）。

◄駱克爵士（Sir James Lockhart）

▲山多倫艦（Centurion）

後，香港政府於 1889 年重鋪跑馬地馬場中央草地的黃泥涌運動場。同年 11 月，批准香港足球會逢星期二、四、六享有場地優先使用權。直至 1897 年，政府才正式將跑馬地馬場北面一塊土地，撥給香港足球會興建球場及會所，並一直沿用至今。

由於當年香港還未有正式的足球比賽，香港足球會只能夠約戰軍部球隊，進行友誼賽。1891 年，香港足球會其中一位幹事藍姆（Edward A Ram）首次提出舉辦一個讓軍民球會都可參與的錦標賽，不過建議並未馬上付諸實行。直至 1895 年 4 月 9 日，駱克爵士在香港足球會週年晚宴上，與同席的駐港英軍高層，商討在來季舉辦一項名為香港足球挑戰盃（Hong Kong Football Challenge Cup）的足球錦標賽。經過一番籌備工作，香港足球會於同年 9 月 19 日會員週年大會上，正式宣佈舉辦該項盃賽，撥出五十元作為訂製獎盃的一半費用，並成立特別小組委員會負責籌辦，成為全亞洲第一項足球錦標賽。[4]

香港足球挑戰盃於 1895 年 11 月 5 日展開角逐，共有十七支球隊參加，大部分是軍部球隊，此外還有警察、新成立的九龍足球會，以及主辦者香港足球會。賽事採取單淘汰制形式進行，經過一番汰弱留強之後，決賽於 1896 年 3 月 7 日下午舉行，結果九龍足球會以三比零大勝山多倫艦（Centurion），成為香港足球史上第一支冠軍球隊。[5]

翌年，香港足球會向英國訂製了一個銀製盾牌，作為比賽的冠軍獎品，因此賽事名稱便改為香港足球銀牌賽（Hong Kong Football Challenge Shield）。[6] 銀牌賽決賽再次由九龍足球會與山

多倫艦對壘，不過這次山多倫艦成功復仇，以二比一擊敗九龍足球會，奪得第一屆銀牌賽冠軍。

特別一提的是，早期由於只有洋人球隊參加，所以這項賽事最初只有英文名稱。直至 1920 年代開始，琳瑯幻境社與孔聖會兩支華人球隊參加賽事，其後南華、中華相繼崛起，香港中文報刊開始報導足球比賽，才替賽事取名為特別銀牌賽。

創辦銀牌賽的香港足球會，一直都是賽事主辦者，直至 1922 年才交出主辦權，由足球總會接辦，並且創辦初級組銀牌賽，讓乙、丙組球隊參與角逐。香港足球會雖然是賽事創辦者及早期的主辦機構，不過在銀牌賽的成績不算突出，迄今只贏過五次冠軍，最近一次已經是 1921 至 1922 年度球季了。

早年銀牌賽一直被洋人球隊壟斷，第一至三十一屆銀牌賽冠軍，都是洋人球隊，直到 1928 至 1929 年度球季，南華於銀牌決賽以五比零大勝九龍足球會，華人球隊才第一次贏得銀牌賽冠軍。南華至今合共贏過三十一次銀牌賽冠軍，是奪得銀牌賽冠軍次數最多的球隊。

除了第二次世界大戰期間被逼停辦之外，銀牌賽一直舉行至今，已經跨越了三個世紀，成為亞洲歷史最悠久的足球錦標賽。至於初級組銀牌賽，則於 2013 年停辦，被新增設的足總盃初賽取代。

聯賽成立與足球總會

　　銀牌賽在十九世紀末開始舉辦之後，香港終於擁有了正式的足球比賽。然而，隨著香港球圈不斷發展，單是銀牌賽這一項淘汰賽，已經顯得相當不足，於是本港球圈人士，開始蘊釀成立聯賽。海軍船塢足球會（Naval Yard）率先於 1905 年提出成立聯賽，卻遭到時任香港足球會會長的布朗（Frank Browne）極力反對。他認為在香港舉辦聯賽並不可行，因為香港球會不像英國球會般擁有自己的球場，建議最終遭到否決。[7]

　　到了 1908 年 11 月，海軍船塢足球會再次提出創辦公開足球聯賽，圈內人士反應異常熱烈，並假青年會位於中環的會所召開會議，會上正式通過舉辦香港足球聯賽。到了 12 月初，已經有六支球隊報名參賽，除了發起舉辦聯賽的海軍船塢足球會之外，還有工程（Royal Engineers）、巴付陸軍（The Buffs）、軍醫（Royal Army Medical Corps）、葡萄牙會（Club Lusitano）與青年會（YMCA）。

　　這六支聯賽參賽球隊，隨即成立了聯賽臨時委員會，由每隊各派出兩名代表組成。反對成立聯賽的香港足球會雖然沒有報名參加，但仍然同意借出球場，作為聯賽比賽場地之一，其後再借用跑馬地陸軍球場和銅鑼灣海軍球場。第一屆香港足球聯賽於 1908 年 12 月 5 日，在跑馬地陸軍球場舉行了首場聯賽，由巴付

▲昔日的海軍船塢

▶曾任香港足球會會長的布朗
（Frank Browne）

▲舉行聯賽籌備會議的青年會中環會所

陸軍對工程。

比賽開始後，工程先主動搶攻，經過一輪攻勢後，莫利殊（Morrish）在門前射入，但因為越位在先被判「詐糊」。之後巴付陸軍反攻，可惜多次在門前錯失機會，上半場兩隊互無紀錄。下半場由巴付陸軍的泰萊（Taylor）先開紀錄，成為香港足球史上第一個聯賽入球。工程後來由上半場被判「詐糊」的莫利殊（Morrish）扳回一球，結果聯賽首場賽事以一比一握手言和。[8]

聯賽開始後不久，再有兩支球隊決定加入，分別是炮兵（The Royal Garrison of Artillery）與男孩會（Boy's Own Club），使第一屆聯賽球隊增加至八隊。[9]不過，當年香港為數最多的海軍艦艇足球隊，卻沒有任何一隊加入聯賽，就連支持舉辦聯賽的添馬艦，最終亦沒有參賽。

香港英文報章《孖剌西報》（Hong Kong Daily Press）於1909 年初捐出一隻銀杯，作為聯賽的冠軍獎盃，同年 2 月，港督盧吉勳爵（Sir Frederick Lugard）亦答應出任聯賽贊助人，令剛開始的聯賽認受性大為提升。最終，由巴付陸軍贏得首屆聯賽冠軍。

反對舉辦聯賽的香港足球會，之後亦改變初衷，於翌年第二屆聯賽，與九龍足球會一同加入角逐。不過，首屆八支參賽球隊之中，卻有四支球隊宣佈退出，令第二屆聯賽參賽隊數減至六隊，第三屆更減至五隊。到了 1914 至 1915 年度球季，由於第一次世界大戰爆發，駐港英軍與警察均被抽調到歐洲戰場，令聯賽參賽球隊進一步減至四隊，亦是聯賽史上參賽隊數最少的一屆。

聯賽早期參賽隊數不穩定，其中一個主要原因是，大部分球隊都是英國派駐香港的軍團，他們只是暫時駐守香港，隔一段時間便會調派到其他地方。一旦軍團調離香港，屬下球隊便要被逼退出聯賽，甚至有球隊因此要中途退出，改由其他球隊頂上，令聯賽賽程安排大受影響。因此，足球總會於1924年修例，禁止海軍艦艇球隊參加聯賽。[10]

跟銀牌賽一樣，聯賽舉辦初期，只有洋人球隊參加，並未有華人球隊參與其中，之後多年聯賽一直是洋人球隊的天下。直至1914年，琳瑯幻境社與孔聖會兩支球隊，雙雙加入乙組聯賽，才開始有華人球隊參加聯賽。其後，南華贏得1917至1918年度球季乙組聯賽冠軍，獲准升上甲組聯賽角逐，成為首支參加甲組聯賽的華人球隊。[11]

不過，南華升上甲組初期，只能夠在聯賽榜下游掙扎，直到1923至1924年度球季，才首次贏得甲組聯賽冠軍，打破洋人球隊壟斷甲組聯賽錦標的局面，開華人球隊在甲組聯賽奪冠的先河。其後，由南華分裂出來的中華體育會，更加連奪三屆甲組聯賽冠軍，成為香港甲組聯賽史上首支三連冠球隊，被視為「在當時是前無古人的成績」。[12]

甲組聯賽舉辦不久，各支參賽球隊便於1909年1月28日，再次於青年會位於中環的會所召開會議，決定成立足球總會，以便統籌及管理聯賽，並且推選原本反對成立聯賽的香港足球會會長布朗，擔任足球總會主席一職。[13]可是，這個新成立的足球總會，卻犯下了一個致命的錯誤，就是沒有仿效其他英國殖民地的

▲孔聖會位於大坑書館街的會址今貌

足球總會，申請成為英格蘭足總會員，以致欠缺認受性，運作了短短一年，會務便陷於停頓。

直至 1913 年，各支球隊決定重新組織足球總會，並選出英國商人漢確（Richard Hancock）為首任會長，借用位於金鐘的威靈頓軍營作為會址。其後更邀請港督、駐港海軍准將及英軍華南總指揮官擔任足球總會的贊助人，藉以確立其官方地位。

足球總會重組後，將申請加入英格蘭足總列為首要工作，並於 1914 年正式被英格蘭足總接納為會員，於是足球總會便以 1914 年作為成立紀元，一直沿用至今。[14] 由此可見，現今的香港足球總會，並不承認 1909 至 1910 年間，曾經短暫運作的足球總會的地位。

第一支華人足球隊

香港開埠初期的足球運動，只有洋人參與，而且主要是英國駐港的官員、軍人，以及洋行職員及其家眷。至於香港華人參與現代足球運動，則始於政府或教會開辦的英文書院的華人學生。根據葉貴松的《中國足球書》（*Soccer in China*）記載，1903 年底，皇仁書院對海軍船塢的足球友誼賽，是香港歷來第一場有華人參與的現代足球比賽。[15]

1904 年，香港多所英文書院共同發起舉辦第一屆學界足球比賽，參賽學校包括灣仔書院、育才書社、皇仁書院、拔萃書院等。參加這次比賽的幾乎全都是英籍或外籍學生，太古洋行買辦莫藻泉姪兒莫慶，是唯一有份參加比賽的華人學生，並且協助拔萃書院贏得乙組比賽冠軍。[16]

雖然絕大部分的華人學生，當時只能夠做啦啦隊及觀眾，但比賽亦給予他們親身接觸現代足球運動的機會，在耳濡目染下，增加了他們的興趣，課餘也試著自己踢足球，技術日漸進步，終於有機會代表學校參賽。到了 1908 年，在莫慶發起下，來自拔萃書院、聖士提反書院、育才書社及灣仔書院幾所學校，一群熱愛足球的華人學生，共同組織了第一支華人足球隊。創會二十名成員包括莫慶、唐福祥、郭寶根、梁冠英、馮平、梁銘石、葉森、葉坤、梁榮泰、郭兆仁、郭兆聰、余文俊、孔憲炳、紀佐

▲香港首支華人足球隊的陣容

▲位於上環的育才書社

之、莫慶翹、莫慶鏘、林金才、溫許明、鄭祥福、彭金祥等。[17]

與此同時，早期接受英式教育的華人，開始成為專業人士，部分人甚至晉身精英階層。隨著足球成為可以挑戰居統治地位的英國人的一個途徑，間接促使華人足球運動得以進一步普及。

不過，這支華人足球隊成立後，初期的發展並不順利。由於當年香港的華人社會，傳統觀念仍然認為年輕人要用功讀書，不應該玩物喪志，所以參加足球運動的華人為數不多。華人足球隊得不到社會支持，成立不久便要面臨經費不足的問題。在莫慶建議下，他們借用上環育才書社作為臨時會址，並且召開全體會員大會，大家都認為足球會這個名稱範圍太過狹窄，通過改名為南華游樂會，並推舉育才書社監學劉鑄伯擔任會長。課餘一有時間，他們便約戰各學校的校隊和英國駐港海陸軍球隊，進行友賽切磋球技。

因為球隊練習的場地在跑馬地，所以他們很快便發覺育才書社並非一個理想會址。當年香港公共交通工具不發達，來往會址非常不便，遇到有事商討，也只能在球員家中或在球場舉行會議，令會址形同虛設。到了1909年，他們便商議改為借用灣仔書院作為新會址，並且於1910年召開會員大會，當時會員人數已增加至四十人。1911年，南華球員代表華南地區，參加在南京舉行的第一屆全國運動大會足球賽，並且贏得冠軍。可惜因為財政出現困難，南華被逼於1912年宣告停辦。

南華停辦後，陣中原有的十一名球員獲民國政府選召，於1913年代表中國參加在馬尼拉舉行的第一屆遠東運動會足球

▲由郭晏波好友林景洲借出的位於跑馬地的樟園，成為南華復會後的會址。

賽。回港後，莫慶曾嘗試重組南華，可惜最終仍然失敗。同年，南華原有球員分成兩批，分別加入琳瑯幻境社及孔聖會，各自在所屬團體資助下，於 1914 年 9 月參加足球總會主辦的乙組聯賽，令香港聯賽首次有華人球隊參加，打破由洋人球隊壟斷的局面。[18]

1915 年，琳瑯幻境社及孔聖會兩支球隊的球員，再次代表中國參加第二屆遠東運動會，首次奪得足球賽冠軍，大大提高了香港華人社會對足球運動的關注，令一班南華舊將再次興起復會的決心。不久，後衛張榮漢召集昔日隊友舉行座談會，大家都覺得寄人籬下始終不是長久之計，在邀得商人郭晏波贊助下，決定重組南華。其後，獲郭晏波好友林景洲借出跑馬地的樟園作為會址，召開同人大會，通過會章及選出首屆職員，由盧俠父擔任主席，郭晏波擔任副主席。南華自 1908 年創會，經過因經費不足停辦等挫折，歷經八年時間之後，總算取得穩定發展。[19]

1916 年，南華正式向香港政府註冊立案，並且申請加入足球總會，首次派隊參加乙組聯賽。1917 至 1918 年度球季，南華首次贏得乙組聯賽冠軍，取得球會史上第一個錦標。翌年首次升上甲組聯賽角逐，開啟了南華此後一百多年征戰甲組的序幕，直至 2014 年超級聯賽舉辦為止。

到了 1920 年，南華會員認為該會所用「游樂」二字，似嫌不夠貼切，未能完全符合該會性質，經過同人大會表決後，一致通過正名為南華體育會，並沿用至今。南華的宗旨在推動各項運動，惟仍以足球為主要命脈，同時發展其他體育運動。[20]

此外，南華亦開辦小學及義學，熱心公益，回饋社會。同年冬天，華北五省發生旱災，南華便發起足球義賽賑災，與全港洋人足球好手比賽兩場，共籌得一千七百多元善款，開中國足球義賽的先河。其後，又再舉行義賽為廣東省東北江兵變地區籌款，共籌得一千三百元。

為進一步推動華人足球運動普及發展，南華於 1921 年創辦全港夏令分區足球賽，共有十一支球隊參加，包括大坑、中環、灣仔、油麻地、亞細亞、哥頓、帆船甲、帆船乙、馬房、燈籠洲、大澳等。結果由李惠堂壓陣的大坑奪得冠軍，他亦由於在夏令盃表現出色，獲得南華高層郭晏波與莫慶垂青，羅致為南華乙組隊球員，展開了這位一代球王的球員生涯。同年，廣東省政府在廣州舉行第八屆運動大會，南華派出足球隊和屬下其他運動好手參加，不但足球隊大獲全勝，其他多個競賽項目都獲獎。

其後，南華趁香港政府提倡運動，向當局申請租用加路連山道，於 1928 年冬天開始興建足球場、籃球場、排球場和田徑場。[21] 南華逐漸發展成為一個具規模的綜合型體育運動組織，不再只是一支足球隊了。

註釋

1. Ip Kwai-chung, *Soccer in China* (Hong Kong：The Wing Fat Printing Co.Ltd, 1925), p.1.

2. 高立：《跟著足球看香港》（香港：次文化堂，2016 年），頁 23。

3. Way, Denis, *Along the Sports Road*（Hong Kong：Hong Kong Football Club, 2011），pp.2-5.

4. Ibid, pp.18-20.

5. Ibid.

6. 韋基舜：《吾土吾情 II》（香港：成報出版社，2005 年），頁 88。

7. Way, Denis, *Along the Sports Road*, p.36.

8. *Hong Kong Daily Press*，1908 年 12 月 6 日報導。

9. 《香港足球總會 90 週年紀念特刊》，頁 156。

10. *South China Morning Post*，1924 年 4 月 25 日報導。

11. 黃嗇名：《球國春秋》（香港：大公書局，1951 年），頁 17。

12. 李峻嶸：《足球王國：戰後初期的香港足球》（香港：三聯書店〔香港〕有限公司，2015 年），頁 3。

13. Way, Denis, *Along the Sports Road*, p.37.

14. 袁偉民等編：《中國足球大典》（上海：華東師範大學出版社，2002 年），頁 427。黃嗇名：《球國春秋》（香港：大公書局，1951 年），頁 3。高立：《跟著足球看香港》，頁 14。

15. Ip Kwai-chung, *Soccer in China*, p.9.

16. 袁偉民等編：《中國足球大典》，頁 421。

17. 黃嗇名：《球國春秋》，頁 5。

18. 同上，頁 11-12。

19. 同上，頁 14-15。馬麗歌：《南華足球隊回憶錄》（香港：傳通廣告，1983 年），頁 20。

20. 同上，頁 18。

21. 同上，頁 37。

2

發展時期

遠東運動會九連冠

　　遠東運動會是由菲律賓發起舉辦的。菲律賓於 1898 年成為美國殖民地後，當地政府大力提倡發展體育運動，於每年 2 月舉行嘉年華會，其中包括運動競賽，1910 年那一屆更邀請中國和日本派員參加。經過這次試驗後，菲律賓有意按照奧運會模式，在遠東地區舉辦一場正式的運動會。1911 年 1 月，菲律賓體育協會會長布朗（Elwood Brown）先後訪問中國和日本，翌年共同成立遠東奧林匹克體育會，由三國城市輪流主辦遠東運動會。

　　1913 年 2 月，第一屆遠東運動會在菲律賓的馬尼拉舉行，為期九天，設有田徑、游泳、足球、籃球、排球、網球、棒球、單車八個項目。當年成立不久的民國政府，派出四十名運動員，參加足球、籃球、排球、田徑、游泳等五個項目。日本則以非正式名義參賽。[1]

　　雖然南華因經費不足而解散，但考慮到當時香港是全國足球水準最高的城市，加上南華曾於 1911 年代表華南地區贏得第一屆全國運動大會足球賽冠軍，因此民國政府決定以香港球員為主力參賽。由南華創辦人莫慶擔任領隊，十一名參賽球員之中，馮平、葉坤、丁涼、張榮漢、梁榮泰、彭松長、郭寶根、唐福祥都是原南華舊將，其餘三人分別是清華學堂學生關頌聲，以及廣州南武公學的丘紀祥與許民輝。[2] 這支中國足球隊倉促成軍，又缺

乏國際賽經驗，加上有幾位球員暈船浪，無法發揮應有水準，儘管唐福祥射入了中國足球史上第一個國際賽入球，但仍然以一比二輸給主辦國菲律賓，只能夠屈居亞軍。[3]

第二屆遠東運動會於 1915 年在上海舉行，但當時「二十一條」問題導致中日關係十分緊張，日本體育協會在國內輿論壓力下，只派出八名運動員參賽。香港與上海先進行足球代表選拔賽，香港是琳瑯幻境社與孔聖會的聯軍，上海則由各大學好手組成，結果香港大勝四比一再次代表中國參賽。比賽採取三場兩勝制，第一場中國以一比零小勝菲律賓，其餘兩場分別是零比零與一比一，中國首次贏得遠東運動會足球賽冠軍，由於當時中國球員穿著黃黑間條球衣，所以「老虎隊」的綽號不脛而走。[4]

第三屆遠東運動會於 1917 年在日本東京舉行，首兩屆足球賽都是採用八人制，這一屆才首次改為現今流行的十一人制。中國原本計劃以全南華陣容參賽，其後補選了聖約翰大學的馮建雄，使他成為歷來第一位出席遠東運動會的上海球員。[5] 日本身為主辦國，派出東京高等師範學校學生，首次角逐足球賽。中國先以三比零擊敗菲律賓，再以五比零大勝日本，成功衛冕冠軍。

第四屆遠東運動會於 1919 年回到首屆主辦城市馬尼拉，日本與菲律賓因賽前發生爭執，只派出十四名運動員參賽，並且缺席足球賽。中國足球隊全部由南華球員組成，南華隊長張榮漢積勞成疾，仍然在第一場及第三場比賽抱病上陣。結果中國以二比零、一比二、二比一，場數二比一擊敗菲律賓，再次蟬聯錦標。可惜張榮漢回港後病情惡化，三年後不幸病逝，年僅二十九歲，

▲遠東運動會標誌

▲ 1915 年，中國首奪遠東運動會足球賽冠軍。

▲英年早逝的張榮漢

一代鐵衛英年早逝，委實令人惋惜。

第五屆遠東運動會於 1921 年在上海舉行，香港中華營業公司老闆劉福基被推舉為球隊教練，使他成為中國足球史上第一位國家隊教練，參賽球員仍然以南華球員為骨幹，再加上復旦大學鋒將吳炎章。結果，中國運動員在其他項目全部失利，全國上下都寄望足球隊可以挽回面子。他們先以一比零力克菲律賓，再在十人應戰下以四比零大勝日本，以輕鬆姿態奪冠。

第六屆遠東運動會於 1923 年在大阪舉行，中國繼第四屆之後，再次以全南華陣容參賽，先以三比零輕取菲律賓，再以五比一大勝日本，首次在國際賽亮相的南華乙組新星李惠堂也射入一球，協助中國再次衛冕。到了 1925 年在馬尼拉舉行的第七屆遠東運動會，李惠堂大放異采，首場以二比零勝日本，個人梅開二度；之後以五比一大勝菲律賓，他更是連中三元。[6]

第八屆遠東運動會於 1927 年在上海舉行，適逢南華、中華、上海樂華組成三華會訪問澳洲，梁玉棠與李惠堂兩位主將均告缺席。中國代表選拔賽，中華先以七比零大勝廣州，再以十三比零狂數南華，因此便以中華球員為主力，加上劉慶祥、馮文傑兩名南華球員參賽。中國先以五比一大勝日本，之後對菲律賓，由於菲律賓球員踢法粗野，引起主場觀眾不滿，當戰至中國領先二比零時，雙方球員與觀眾大打出手，需要警察入場調停，菲律賓宣佈棄權，中國再次奪得冠軍。

為了跟奧運接軌，遠東運動會由第九屆開始改為四年一屆，並且延後一年，於 1930 年在東京舉行。中國足球隊由前隊長唐

▲ 1934 年第十屆遠東運動會，中國足球隊在十人應戰下險勝日本，完成九連霸夢想。

▲ 1934 年第十屆遠東運動會中國足球隊成員合照

福祥擔任教練，帶領中華、南華與上海樂華三隊精英參賽。這屆日本實力大增，首場比賽令人震驚地以七比二大勝菲律賓，中國亦以五比零擊敗菲律賓，令中日之戰變成冠軍爭奪戰。日本開賽後便發動猛攻，半場領先一球，之後兩隊入球梅花間竹，踢成三比三平手。當年不計算得失球，按例應加時再賽，日本卻表示比賽已經結束，宣佈兩隊雙冠軍，中方抗議無效，只好無奈接受賽果。[7]

第十屆遠東運動會於 1934 年在馬尼拉舉行，中國足球隊由李惠堂擔任球員兼教練，帶領香港、上海與廣州精英參賽。他們先以二比零擊敗菲律賓，再以二比零擊敗首次參賽的荷屬東印度（即今印尼），最後一場對日本，雖然有後衛李天生被趕離場，在十人應戰下險勝四比三，奪得九連霸佳績。

賽事閉幕後舉行執委大會，日本欲將偽滿洲國加入遠東體育協會，中國抗議不果之下，憤而退席。日本與菲律賓突然通過解散遠東體育協會，另行成立東亞業餘體育協會，中國亦宣佈退出遠東體育協會舉行了十屆的遠東運動會。[8]

當年中國體育發展尚處於萌芽階段，其他項目成績強差人意，但足球隊連贏九屆遠東運動會足球賽冠軍，成為中國在賽事中的唯一亮點。梁玉棠與黃柏松兩位球員，在其中六屆賽事均有參與，二人並列奪冠次數最多的中國球員。

聯愛團事件與中華體育會誕生

南華於 1924 年首次贏得甲組聯賽冠軍，成為香港足球史上第一支在聯賽奪冠的華人球隊。可是，在慶祝奪冠的歡欣背後，球隊內部矛盾卻已經瀕臨爆發邊緣，分裂危機可謂一觸即發。[9]隊長梁玉棠（又名梁玉堂）於同年 9 月 22 日上書南華管理層，表達對球會不滿，要求改善球員待遇，其意見未獲南華管理層接納。到了 1926 年 4 月，南華陣中四十多名球員，一同組成足球聯愛團，爭取改善球員福利，向會方提出三點要求：一、從球賽門票所得，撥出一千元作為球員福利金；二、每年發給每位球員一對球鞋；三、向球員提供膳食費每人每餐二角。[10]

南華管理層否決了聯愛團的要求，並指：「礙於業餘定義，且形成割據之嫌，不應照准。」管理層似乎低估了球員們的決心，決定採取拖字訣，不予理會聯愛團的訴求。球員們等了三個月之後，仍未見會方作出積極回應，於是便在聯愛團成員葉九皋的提議下，於同年 7 月底在報章刊登《敬告全國父老兄弟宣言》，聲明不再受南華現屆管理層節制，自行成立中華體育會，這就是香港足球史上的聯愛團事件。

這次事件在香港華人社會中引起了很大迴響，部分球員在會方挽留下，回心轉意答應留隊。可是在南華原本的正選球員中，最終只得門將劉慶祥與新人後衛陳蘇兩名球員留効，球隊陣容已

▲南華於 1924 年甲組聯賽奪冠陣容

▲中華成員合照

是面目全非。

至於決心離隊的大批主力球員，則加緊成立中華體育會，並且於同年 8 月 7 日舉行會員大會，選出首屆執委會成員，由李翰淦出任足球部主任，郭寶根與歐傑生擔任副主任。起初租用灣仔雲東街六號四樓作為會址，後來因為人數眾多，遂遷往跑馬地摩理臣山道十六號。中華成立後，立即申請加入足球總會，獲批准參加 1926 至 1927 年度甲組聯賽。[11]

新成立的中華，陣中猛將如雲，擁有孫錦順、黃柏松、曹桂成、陳光耀、歐傑生、林玉英等，都是當時香港最出色的華人球星，成為香港球壇一支新興勁旅，與上屆乙組聯賽冠軍、同樣是首次角逐甲組聯賽的西洋會，上演了一幕雙雄爭霸戰。到了季尾，兩隊於油麻地皇囷上方的西洋會球場對壘，儼如一場聯賽冠軍爭奪戰。由於西洋會球場又短又窄，令中華球員細膩的腳法無從發揮，相反，西洋會球員在主場作戰，高空轟炸踢法如魚得水，西洋會令人意外地以五比零大勝中華。結果西洋會全季十四場比賽九勝、二和、三負，得二十分，以「升班馬」姿態贏得聯賽冠軍，中華則以兩分之差，屈居亞軍。至於南華則在八隊中排名第八，淪為包尾大幡。[12]

中華其後再有前南華隊長梁玉棠、汕頭猛將李惠官加盟，球隊實力更加強勁，在 1928 至 1930 年連奪三屆甲組聯賽冠軍，成為香港足球史上首支聯賽三連冠球隊。

可惜到了 1936 年，在中華成立十週年之際，再次發生分裂事件。前兩屆曾擔任足球部主任的阮有進，另外成立九龍華人足

球會，雖然他強調他並非跟中華發生意見，只是希望促進華人體育發展，但事實上卻從中華挖走了麥紹漢、陳洪光、何佐賢、黎國釗、黃永康、鄧廣森、楊君保、鄒文治等大部分主力球員。雖然李翰淦對外聲稱中華實力不會受太大影響，並挑選乙組球員升上甲組作戰，但已是元氣大傷了。[13]

跟十年前中華剛成立時一樣，九華成立之後立即申請加入甲組聯賽，連同南華南、南華華、中華，以及乙組「升班馬」東方，令 1936 至 1937 年度甲組聯賽首次有五支華人球隊角逐，與九支洋人球隊抗衡。不過，由於參加柏林奧運的國腳尚未歸隊，以致九華在季前熱身賽表現毫無班霸本色，先後不敵實力平平的港會與聖約瑟，聯賽開鑼戰更加以二比五慘敗於華塞斯陸軍腳下。

儘管聯賽出師不利，但九華仍然雄心勃勃想染指銀牌賽錦標，於香港會球場出戰港會，原以為可以輕鬆晉級，可是上半場球運奇差，只能夠與港會踢成一比一平手。下半場黃永康射入一球，協助九華取得二比一領先，其後港會一次攻勢中，鄧勤左路傳入禁區，何佐賢與威爾遜一同跳起爭球，皮球彈中何佐賢胸口彈出底線，球證竟然指何佐賢犯手球，判罰十二碼。九華隊長陳洪光立即上前向球證解釋這是胸部觸球，可是與執法的外籍球證因言語不通而引起誤會，麥紹漢以為是角球便將皮球踢向角球旗，門將蕭殿廉亦站到門柱旁準備防守角球。殊不知球證見陳洪光理論時動作很大，其他九華球員亦顯得忿忿不平，突然宣佈球賽腰斬，判九華棄權。[14]

足球總會隨即召開緊急會議，傳召九華與港會兩隊代表。當時仍然由外籍人士把持的足球總會，竟然只聽信外籍球證一面之辭，指責九華不應不服從球證判決，判處九華落敗被淘汰，港會勝出晉級；九華全體球員禁止參加銀牌賽一年，隊長陳洪光被重判停賽一年，蕭殿廉停賽三個月，麥紹漢停賽兩個月。九華不服判決提出上訴，除了蕭殿廉與麥紹漢停賽期減為一個月之外，其餘皆維持原判。

這次事件令九華士氣大受打擊，除了三名主將被罰停賽外，鄧廣森決定返回中華效力，徐亞輝亦接到空軍學校通知要北上杭州。自此，九華實力大為削弱，班主阮有進亦顯得意興闌珊，班霸夢有如曇花一現。

1937 至 1938 年度球季，中華因為無人主持球隊無法成軍，被逼要暫時退出球壇。[15]九華雖然繼續參賽，但已是人面全非，僅靠楊根保、黃翔等支撐，後來上海局勢告急，徐步雲、于治興、符質彬、吳祺祥、許竟成等上海進德隊主將，調派來香港中華書局任職，並且加盟九華，加上原中華老將黃瑞華來投，實力才稍為好轉，可惜最終仍然位居聯賽榜末，遂於 1938 年夏天宣告解散，[16]短短兩年時間便消失於球壇。這次阮有進脫離中華，成立九華的舉動，最終導致兩敗俱傷。

華洋衝突與五華會退出足球總會

　　香港足球運動發展，最初是由英國駐港官員、軍隊、洋行職員及其家眷的足球活動及比賽開始的。聯賽於 1908 年舉辦之初，也是清一色只有洋人球隊參加，直至琳瑯幻境處與孔聖會於 1914 年加入乙組聯賽，華人才開始參加足球總會舉辦的賽事，其後南華、中華、九華相繼加入甲組角逐，與洋人球隊分庭抗禮。

　　到了 1930 年代，香港陸續出現了其他華人球隊，包括東方、光華、怡和、華僑、傑志等，華人參與足球運動的程度進一步提高。華人球隊數目的增加，大大提升了華人社會對足球比賽的關注，中文報章開始大篇幅報導足球比賽，吸引大量華人入場觀看，令足球比賽的觀眾數字大幅提高。另一方面，華人球隊數目持續增加，逐漸成為香港球壇一股新興力量，與一直由洋人把持的足球總會，難免會出現利益衝突。

　　1926 年 1 月，南華便因為比賽場地問題，與足球總會發生爭執，險些被開除會籍。事緣在足球總會會議上，有人提議將 1 月 9 日南華對警察的聯賽，與慈善賽一同進行，南華代表莫慶以未經南華管理層同意為由反對。原以為就此作罷，殊不知足球總會竟然單方面將比賽場地改在香港會球場，而非南華選定的掃桿埔球場。

　　南華認為足球總會的做法違例，並且未經負責管理聯賽的足

球比賽會通過，遂向足球總會提出抗議，拒絕派隊到香港會球場比賽。比賽當日，南華球員照常到自己選定的掃桿埔球場，結果比賽無法如期進行。四日後，足球總會開會決定處罰南華：一、扣除南華聯賽積分的兩分給警察，二、罰款五元，三、向足球總會道歉。否則，將永久取消南華會籍，在南華未履行處分前，禁止南華旗下所有球隊出賽。[17]

判決引起香港華人極大的憤怒，紛紛指責足球總會歧視華人，而禁止最受球迷歡迎的南華出賽，亦令入場觀眾人數大幅下跌，不但影響足球總會與其他球隊的收入，其他行業的生意也因而大受影響，對足球總會的處理手法怨聲載道。面對輿論壓力，足球總會心知不妙，企圖私下與南華商討和解方案，然而南華態度強硬，堅決不肯退讓，並且提出上訴。足球總會於 1 月 20 日召開會議後，發出三點聲明：一、爭執因誤會而起；二、法律意見認為足球比賽會無權禁止南華與別隊比賽；三、南華上訴理由充分，取消扣分、罰款、道歉等處分，並且發還十元上訴費。[18] 這次不愉快事件，總算獲得解決。

1930 年發生的陳光耀、曹桂成被罰停賽事件中，足球總會的處理手法，更加深了與華人球會之間的嫌隙。事緣在第九屆遠東運動會閉幕後一個月，一支以上海樂華球員為主，加上曹桂成、陳光耀、梁榮德三名香港華人球員的華人遠征足球隊，由余衡之擔任領隊，李惠堂擔任隊長，由上海出發，經香港、南洋前往歐洲訪問比賽。[19]

這支華人遠征足球隊抵達爪哇之後，領隊余衡之專程到吉隆

◀「陳曹冤案」主角之一
曹桂成
....

◀和和盃港馬華人埠際賽
獎座
....

坡，邀請正隨南華南遊的馮景祥、李天生、葉北華三人加入。可是南華領隊何潤光卻接到會方通知，英格蘭足總曾經詢問香港足球總會，遠征隊球員曾否與足球總會接洽，三人擔心惹上麻煩，便婉拒了遠征隊的邀請。此外，陳光耀、曹桂成二人出發前，未有通知足球總會，更懷疑他們有受薪之嫌，抵觸業餘球員規則，並拍電報通知英格蘭足總，令遠征隊不得不中途折返。[20]

然而餘波未了，在陳光耀、曹桂成返港後，足球總會開會審查二人，上海西聯會亦審查樂華球員的業餘資格。足球總會裁定陳光耀、曹桂成違反業餘球員資格，禁止二人參加足球比賽，所屬中華體育會提出上訴亦被駁回。直至上海西聯會完成調查，完全找不到有任何受薪證據，纏擾數月的「陳曹冤案」才告落幕，總算還二人清白。至於梁榮德由於是南華後備球員，回港後亦沒有再參與足球活動，因此未受足球總會注意。[21]

不過，足球總會對這次事件的處理手法，令華人球會非常不滿，認為有侮辱華人球員人格之嫌，到了 1931 年 9 月，終於爆發了香港足球史上最嚴重的一次華洋衝突事件，五間華人球會一同退出足球總會，另起爐灶舉辦華人聯賽。

事件導火線是 1931 年 9 月 26 日舉行的第三屆和和盃港馬華人埠際賽。剛好當日是甲組聯賽開鑼日，足球總會早已編定了南華對港會的比賽，在同日同時間進行。作為港華隊球員骨幹的南華，去信足球總會要求對港會的聯賽改期，遭到拒絕。雖然九一八事變導致香港爆發反日騷亂，新一季甲組聯賽押後舉行，讓南華球員可以代表港華隊出戰和和盃，然而華協對足球總會起

初不批准聯賽改期的做法非常不滿,其後更發現足球總會從中作梗,令軍聯未能於 9 月 29 日派隊出戰馬華隊,導致比賽蝕本收場。華協高層大為憤怒,南華、東方、怡和、崇正四支華人球隊,於 9 月 29 日去信足球總會,宣佈退出足球總會及其舉辦的所有賽事。[22] 值得一提的是,怡和雖然是一間英資洋行,但其體育會是由洋行鼓勵華人職員成立的,當時英文註冊名稱是 Ewo Chinese Athletic Association,全部成員都是華人,故此在這次華洋衝突事件中,它支持華協對抗當時由洋人控制的足球總會。

足球總會初時我行我素,冷對華人球會的退會行動,並將聯賽秩序重新編排。由華協籌辦的全港華人公開足球賽,則於同年 12 月 12 日展開,共有七支球隊參加,分別是南華兩隊,中華兩隊,東方、崇正、太古各一隊。足球總會舉辦的甲組聯賽,則有香港會、九龍會、西洋會、警察、聖約瑟、海軍、亞皆老陸軍、威爾殊陸軍等八支球隊參賽。

香港華人社會為了支持華人球隊,紛紛杯葛足球總會主辦的甲組聯賽,導致甲組聯賽的入場觀眾及門票收入大幅減少,最終逼使足球總會作出讓步。足球總會成立三人小組,與華協經過三次會議之後,雙方達成和解協議。華協承認足球總會於香港足球運動的領導地位,足球總會則表示和和盃引起的爭端只是誤會,並沒有對華人球會有不敬之意,同時亦認可華協的合法地位。華人球隊於 1932 至 1933 年度球季,恢復參加足球總會主辦的聯賽及其他賽事,同年「並由港中華體育協會足球總會合辦督憲杯賽,藉以永久維繫雙方的感情」。[23]

遠征柏林奧運

中華全國體育協進會於 1931 年加入國際足協成為會員，中國足球正式加入世界足球大家庭。到了 1936 年柏林奧運，中國更首次獲得奧運足球賽的參賽資格，有機會在國際球壇上亮相。

為此，國民政府委派沈嗣良、馬約翰、顏成坤三人，負責籌備參賽事宜，並派出中華全國體育協進會的容啟兆博士，於 1935 年 11 月到香港商討球員選拔事宜。根據 1935 年第六屆全運會成績及之後比賽的表現，於 1936 年初先挑選三十名預選球員。同年 3 月在香港舉行選拔大會，正式決選出二十二名參賽球員，包括李惠堂、包家平、黃紀良、鄭季良、楊水益、李國威、曹桂成、張顯元、黃美順、蔡文禮、麥紹漢、梁樹棠、卓石金、馮景祥、陳鎮和、譚江柏、孫錦順、李天生、梁榮照、徐亞輝、葉北華、賈幼良。[24] 當中除了來自上海的陳鎮和、梁樹棠、孫錦順，以及來自新加坡的蔡文禮、張顯元之外，其餘十七人都是南華與中華兩間香港球會的。

由於參賽經費不足，故此這支柏林奧運足球隊，便肩負起籌措經費的重任。在領隊容啟兆、管理黃家駿、教練顏成坤帶領下，他們於 6 月 5 日離開香港，在東南亞進行巡迴表演賽，並藉此寓賽於操，二十七場比賽錄得二十三勝、四和、不敗的佳績，總共籌得二十萬元經費。

▲參與 1936 年柏林奧運足球賽的全體中國隊職球員合照

▲ 1936 年柏林奧運足球賽中國對英國的出場陣容

中國在柏林奧運共參加五個比賽項目，參賽運動員及考察團成員，合共一百多人，於 1936 年 6 月 26 日由上海出發，6 月 28 日途經香港，接游泳選手楊秀瓊、陳振興上船，再到孟買會合足球隊。代表團於 7 月 23 日抵達柏林，入住離柏林市中心三十公里的奧運村。

他們在途中已經接到一個壞消息，就是足球賽抽籤結果，第一圈對手是英國。柏林奧運足球賽是採取單淘汰制，第一次在奧運亮相的中國，初賽便遇上英國，外間一致認為中國將會大敗出局。不過，中國球員並未因此而自暴自棄，入住奧運村之後，每日清晨五時半便起來，六時半到村外運動場跑步練氣，每隔兩三天便到球場操練，以備戰 8 月 6 日對英國的比賽，隊長李惠堂則負責搜集英國的情報。儘管他們不敢奢望可以爆冷淘汰英國，但也希望能盡力展現自己的實力，就算輸也不要輸得太難看。

中國在排定出場陣容時，鄭季良原本被安排擔任左翼，然而他竟然因為信心不足，主動放棄出場機會，惟有將左輔葉北華調任左翼，改派身體已經開始發福的孫錦順擔任左輔。中國最終出場陣容為：門將包家平，後衛李天生、譚江柏，中場徐亞輝、黃美順、陳鎮和，前鋒曹桂成、馮景祥、李惠堂、孫錦順、葉北華。[25]

奧運史上第一場的「中英之戰」，在康姆森運動場舉行，共有八千名觀眾入場，德國及周邊歐洲國家的中國留學生，組成五百人的啦啦隊，聯同考試院院長戴季陶與駐德國大使程天放，到場為中國隊打氣。

◀ 1936 年柏林奧運足球賽的「中英之戰」開始前，兩隊隊長握手。

▲曾參加 1936 年柏林奧運的一代球王李惠堂

比賽開始後，戰情並未如賽前預期般一面倒，雙方互有攻守，中國隊的表現為觀眾帶來驚喜。雖然隊長李惠堂，被英國派出兩名後衛嚴密看管，但其他隊友仍有出色表現，前線以馮景祥最為活躍，孫錦順更曾射破英國大門，可惜傳球的葉北華犯規在先，入球被判無效。防守方面，李天生、徐亞輝、陳鎮和均表現稱職，門將包家平屢救險球，半場兩隊踢成零比零平手。換邊後，中國隊一度搶攻，可惜連番錯失入球機會。平均年齡二十六點五歲的中國隊，之後氣力開始不繼，原因是中國及香港聯賽比賽時間均是七十分鐘，奧運足球賽則是九十分鐘。結果，英國乘機於五十五分鐘及六十五分鐘各入一球，以二比零擊敗中國。[26]

中國雖然不敵英國，在首圈出局，但表現卻令歐洲人眼前一亮，獲得各地報章一致好評。因此引起歐洲各國的興趣，紛紛拍電報邀請中國隊前往踢表演賽，於是中國隊離開柏林後，便在歐洲巡迴比賽。先後在德國、奧地利、瑞士、法國、荷蘭、英國，總計在歐洲巡迴比賽共九場，錄得一勝、一和、七負的成績，代表作是以三比二擊敗瑞士球隊塞維特，及以二比二賽和法國甲組聯賽球隊巴黎紅星。[27]

綜觀這次中國參加柏林奧運，正如任海主編的《奧林匹克運動》評論：「儘管比賽成績不佳，但畢竟是中國第一次組織大型代表團參加奧運會，對中國早期奧林匹克事業的發展有深遠影響。」[28] 雖然中國在力戰之下不敵英國，但之後在歐洲進行巡迴比賽，讓歐洲人親眼目睹中國球員的表現，一洗國人「東亞病夫」的污名，對改善國人形象有很大幫助。

一代球王李惠堂

李惠堂是中國足球史上一個家喻戶曉的名字，一位公認的「中國球王」，甚至被稱為「亞洲球王」。

他父親李浩如是二十世紀初香港建築業鉅子，共有二十四位太太，李惠堂在家中排行第三，上有兩位姐姐，下有六十多位弟妹。李惠堂小時候體弱多病，六歲被送返家鄉梅縣就讀私塾，閒時在家中後院，用柚子當足球踢，對著狗洞練習射門準繩度。十歲返回香港，兩年後考入皇仁書院，父親擔心他學業受影響，曾經禁止他踢足球，有時他偷偷跑去看球賽，回家便要捱打，其父甚至派專人看管他。不過，他始終喜愛足球多於讀書，讀完中二便輟學，由於在男丁中排行最長，父親曾打算培育他做家族生意接班人。[29]

十七歲那年，在南華會主辦的夏令盃足球賽，李惠堂代表大坑贏得冠軍。由於他表現出色，獲得南華高層郭晏波與創辦人莫慶賞識，將他羅致為乙組隊球員，正式展開其球員生涯。他以驚人的入球數字，成為乙組聯賽神射手，很快便被提升上甲組隊效力。

1923 年第六屆遠東運動會，李惠堂以新人姿態入選大軍陣容，首次在國際賽亮相，並且在對日本的比賽射入一球，協助中國成功衛冕。同年 7 月，隨同南華前往澳洲訪問，首場比賽對澳

洲冠軍新南威爾斯，李惠堂便連中三元，雙方賽和三比三，使澳洲球壇不敢小看中國足球，他自己更是一戰成名。澳洲之行二十四場比賽，李惠堂個人射入三十球，佔了全隊入球近半數。接下來的 1923 至 1924 年度球季，他協助南華首次贏得甲組聯賽冠軍。

到了 1925 年第七屆遠東運動會，李惠堂表現更加出色，兩場比賽射入五球，堪稱他在遠東運動會的代表作。[30] 不過，參加完遠東運動會不久，由於父親逼婚，他毅然放棄在香港如日方中的足球事業，與青梅竹馬的廖月英私奔到上海。除了在華安保險工作，他還獲聘為復旦大學體育主任，並且加盟樂群，為其奪得 1925 至 1926 年度中華聯賽冠軍。其後，他網羅上海各大學精英球員，將樂群改組成樂華，並且擔任隊長，在 1929 年的史考托盃決賽，樂華以四比一大勝九屆冠軍獵克斯隊，打破洋人壟斷上海球壇的局面，當時上海人流行兩句話，「看戲要看梅蘭芳，看球要看李惠堂」，他在中國球壇的地位於此可見一斑。[31]

樂華於 1931 年解散後，李惠堂返港重投母會南華，同年 2月跟隨南華到越南比賽，隊友譚江柏與對方後衛大打出手，有主場觀眾衝進球場釀成群毆。混亂中，一名觀眾企圖用木屐襲擊李惠堂後腦，他為了自衛轉身一腳踢中該觀眾下顎，最終這名觀眾留醫一個月後傷重不治。李惠堂在他的「球經釋疑」專欄曾經提及此事，引為一生憾事。[32]

李惠堂於 1932 年被華安保險派到荷屬東印度群島（今印尼），擔任駐當地分公司經理，並且與戴麟經一同加盟群力，帶

領群力首次贏得聯賽冠軍，令當地華僑感到吐氣揚眉。後來，由於水土不服，曾患上肺結核病，加上思鄉情切，三年後他便辭職返回香港。[33]

1936年柏林奧運，李惠堂以隊長身份帶領中國足球隊參賽，雖然以零比二不敵英國出局，但表現大獲好評。賽後他應邀到歐洲巡迴比賽，獲得法國甲組聯賽球隊巴黎紅星垂青，向他開出當年法甲最高薪酬的合約。不過，一旦成為職業球員，便會喪失奧運參賽資格，一心為國效力的李惠堂便婉拒加盟。之後在倫敦市長歡迎宴上，阿仙奴領隊阿里遜上前問李惠堂年齡，得知他已是虛齡三十二歲，不禁歎息：「如果你年輕十歲，我一定不准你回國。」[34]

南華於1937年夏天到南洋訪問期間，李惠堂隨隊重返荷屬東印度群島，在三寶壟一場比賽中，李惠堂起腳射門時，被主隊一名荷印混血兒踢斷左脛骨，遭遇他球員生涯中最嚴重的一次受傷，養傷超過一年才能夠復出。經過第二次世界大戰，李惠堂已甚少上陣，到了1947年滬港盃埠際賽，他以隊長身份，帶領香港隊以四比二擊敗上海，贏得冠軍之後，他便正式高掛球靴。

總計李惠堂二十五年球員生涯之中，合共射入接近兩千個入球，臥射更可說是他的絕技，然而當中極少是用頭槌取得入球，相信只有五球左右。據李惠堂表示，因為在南華初出道的時候，操練時每次與黃柏松爭頂頭球，都被對方撞得很痛，以致產生心理陰影，頂上功夫成為了他的弱點，球王也不是無懈可擊的。

退役後，李惠堂轉任教練，1948年領軍參加倫敦奧運足球

▲李惠堂臥射英姿

▶李惠堂的著作《球圃菜根集》

賽。之後在英國受訓四個星期，取得英格蘭足總教練文憑，是歷來第一位取得國際教練資格的中國人。他之後還帶領「中華民國」贏得 1954 年及 1958 年兩屆亞運足球賽金牌，是迄今中國人僅有的兩次亞洲冠軍。晚年擔任銘傳商專（今銘傳大學）女子足球隊教練，並且以銘傳球員為骨幹組成台灣木蘭隊，三次贏得亞洲盃女子足球賽冠軍。

　　球場以外，李惠堂還一手創立華人足球裁判會，1951 年應麗的呼聲邀請擔任足球評述員，以幽默風趣的風格、精闢獨到的球評，深受聽眾喜愛。1954 年亞洲足協成立，李惠堂擔任創會秘書長，1966 年更當選國際足協副會長，在國際球壇地位舉足輕重。

　　雖然李惠堂中二便輟學，但憑著早年的私塾教育，以及之後自己進修，他的中英文造詣都非常好，而且著作甚豐，包括《足球經》、《球圃菜根集》、《香港足球五十年》、《足球讀本》、《魯衛吟草》、《南遊散記》等書籍，以及在《大公報》連載「球經釋疑」專欄，這些都是研究中國及香港足球運動發展的重要史料。

註釋

1. 阮蔚村：《遠東運動會歷史與成績》（上海：勤奮書局，1933 年），頁 2-3。

2. 黃嗇名：《球國春秋》（香港：大公書局，1951 年），頁 9。

3. 同上，頁 10。

4. 沈文彬：《中國足球的搖籃：上海足球運動半世紀 1896-1949》（上海：上海文化，1995 年），頁 295-296。

5. 同上，頁 296。

6. 黃嗇名：《球國春秋》，頁 21-22、31。

7. 同上，頁 69。

8. 同上，頁 96。

9. 同上，頁 37。

10. 《三十二年來南華體育會總檢討》之二，《華字日報》，1935 年 3 月 31 日刊載。

11. 黃嗇名：《球國春秋》，頁 38。

12. 同上，頁 39-40。

13. 同上，頁 123。《工商日報》，1936 年 8 月 6 日報導。

14. 同上，頁 126。

15. 同上，頁 135。

16. 同上，頁 146。

17. *Hong Kong Daily Press*，1926 年 1 月 14 日報導。

18. 《華字日報》，1926 年 1 月 21 日報導。

19. 黃嗇名：《球國春秋》，頁 70-71。

20. 同上，頁 72。

21. 同上，頁 72-73。

22. 同上，頁 80。

23. 同上，頁 81。

24. 同上，頁 114。

25. 同上，頁 118。

26.《工商日報》，1936 年 8 月 8 日及 8 月 21 日報導。

27. 黃嗇名：《球國春秋》，頁 120-122。沈文彬：《中國的足球搖籃：上海足球運動半世紀 1896-1949》，頁 310。

28. 任海：《奧林匹克運動》（北京：人民體育出版社，1993 年），頁 393。

29. 賴文輝：《香港十大名將》（香港：青森文化，2013 年），頁 10-11。

30. 黃嗇名：《球國春秋》，頁 31。

31. 黃健翔：《足球根本不是圓的》（北京：機械工業出版社，2014 年），頁 48。

32.《大公報》，1948 年 11 月 2 日刊載。

33. 魯夫等編：《李惠堂先生紀念集》（香港：五華旅港同鄉會，1982 年），頁 124。

34. 賴文輝：《香港十大名將》，頁 14-15。

3

戰爭時期

淪陷歲月與士丹利木盾賽

九一八事變後，中國北方遭到日本入侵，上海亦早已受到戰爭的威脅。因未受戰亂影響，香港足球運動繼續蓬勃發展，所以不少上海球員南下香港發展。直至 1941 年 12 月 8 日，日軍開始空襲啟德機場，陸軍部隊亦越過深圳河發動地面進攻，香港所有的足球賽事被逼終止，戰前香港的足球運動發展，就此劃下休止符。[1]

1941 至 1942 年原本是華人球隊成績最好的一個球季，當屆聯賽進行至 12 月 6 日，星島十戰得十六分暫居榜首，南華十戰得十四分次之，光華與米杜息同樣十戰得十三分並列第三，東方則是七戰得十一分排第五，四支華人球隊全都排名前五位。[2]可惜隨著日軍襲港，這一屆成為永遠踢不完的聯賽。

經過十八天保衛戰，當時香港六大球場，包括界限街的警察球場、漆咸道的九龍會球場、銅鑼灣的海軍球場、跑馬地的香港會球場、掃桿埔的陸軍球場、加路連山的南華會球場，都遭到戰火嚴重破壞。球圈人士，從軍的從軍、離港的離港、隱居的隱居，其中何潤光的兒子何洛基、名宿伍寶鎏在香港保衛戰中戰死沙場，南華會長羅仲勳大律師，則因為在澳門替回國青年辦理簽證手續，返港後慘遭日軍殺害。

星島班主胡好在淪陷初期，曾經遭到日軍軟禁，獲釋後被

視為收買對象，幾經辛苦，藉辭前往澳門，趁機逃返內地，馮景祥、黎兆榮、侯榕生三名球員追隨在側。

1942 年 7 月，適逢偽滿州國成立十週年，汪偽政權派出徐世光乘專機來港，欲迎接球王李惠堂北上表演，並且主持偽政府體育事務。李惠堂不肯做漢奸，在友人陳靜濤、梁早如冒死協助下逃離香港，經澳門、湛江，輾轉回到五華祖居。抗戰期間，他與葉北華、譚均幹、鄒文治、李碩友等球員，在東江一帶舉行義踢。其後，又先後在成都、曲江、桂林、柳州等地，舉行過多場義賽籌款及勞軍。後來又擔任青年軍體育視導，位至少將，一直致力以體育支持抗戰工作，其次子李育德亦隨同在側，在義賽中時常父子同場獻技。[3]

侯澄滔、許竟成、張金海、鍾勇森等人則遠走陪都重慶。譚江柏、曹秋亭則在昆明，譚江柏擔任運輸大隊長，官階是中尉，在滇緬公路負責運送物資，協助滇緬戰事的補給工作。退役後到南洋發展的黃紀良，則在星馬一帶加入抗日遊擊隊，被日軍俘虜後遭受酷刑，幸好能夠保住性命。[4]

陳鎮和早在 1932 年便考入廣東航空學校受訓，柏林奧運歸來後，正式加入軍隊，被編入空軍軍官學校，初時在洛陽進行飛行訓練，其後轉到杭州的中央航空學校受訓。1937 年 7 月 25 日，陳鎮和率領中隊在廣東戰區，成功擊落四架日本戰機，立下戰功獲得嘉許。同年 11 月 24 日，陳鎮和在對入侵長江的日本戰艦轟炸時，戰機遭日軍炮火擊中，危急關頭他將戰機撞向日艦，自己及時跳傘逃生。到了 1941 年 1 月，他奉命到新疆接收一批

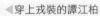
穿上戎裝的譚江柏

▼參加空軍抗日的陳鎮和

蘇聯援助的戰機，返回成都基地途中，在甘肅上空遇上黃沙暴失蹤，當地縣政府一個月後，才發現戰機殘骸，以及他和另一位機師的遺體，後來安葬於蘭州焦家灣空軍烈士公墓。[5]

至於滯留的香港球員，有人為盟軍做情報工作，例如警察球員黃文貴被日軍抓獲槍斃，東方球員李惠林因此遭受酷刑。效力過南華、中華的黃美順，則和大批香港青年，被日軍強徵到海南島做苦役，從此音訊全無。[6]

被囚禁在赤柱集中營的外國人，不少人原本都是足球健將，閒時便在營內的空曠地方，使用紙製的足球，舉行七人足球賽，以一塊廢鐵及盾狀木板刻字作為獎牌，頒給獲得冠軍的球隊。[7]因此香港重光之後，在足球總會的一次會議上，光華代表提到赤柱集中營內的足球比賽，副民政官湯臣便指示足球總會，籌辦士丹利木盾七人賽（Stanley Shield），以紀念這段在赤柱集中營的人士堅持踢球的辛酸歷史。[8]

士丹利木盾賽，除了比賽人數是採取七人制外，比賽規例跟一般十一人賽有很大分別。每場比賽法定時間只是二十分鐘，即上下半場各十分鐘，而且不設越位。假如法定時間賽和，便計算角球數目，角球較多的一隊便勝出。若連角球數目亦都相同，則會進行加時十分鐘比賽，仍然賽和便互射十二碼定勝負。

首屆士丹利木盾賽於 1946 年 9 月 14 日展開角逐，甲乙組球隊都可以報名，而且每支球隊可以派出多過一隊，最終共有二十六隊參賽，當中港會派出四隊，星島派出三隊，南華派出兩隊。決賽是星島甲對南華乙，在法定時間二十分鐘踢成一比一平

▲時任足球總會會長的霍英東，頒發最後一屆士丹利木盾賽冠軍獎牌予精工隊長胡國雄。

手，加時階段黎兆榮射入一球，協助星島甲贏得首屆士丹利木盾賽冠軍。[9]

自此以後，除了在 1952 至 1953 年、1953 至 1954 年及 1960 至 1961 年三個球季沒有舉行外，士丹利木盾賽成為香港每個球季開始前的熱身賽，直至 1979 年 7 月，由於警察收回花墟球場，足球總會決定縮減球賽數目，士丹利木盾賽因而停辦，使 1978 至 1979 年度球季那一屆賽事成為絕唱。[10]

最後一屆士丹利木盾賽決賽，於 1978 年 9 月 7 日在花墟球場舉行，是由精工乙對卜公甲，上半場六分鐘，森寶左路底線傳中，胡國雄接應再傳給遠柱的盧福興射入，領先一比零。精工乙之後有胡國雄先後射中柱及射中楣，但仍然能夠小勝一比零奪得冠軍。

戰後復員與七華會

美國以原子彈轟炸廣島與長崎後，日本於 1945 年 8 月 15 日宣佈無條件投降，當時仍在赤柱集中營的前輔政司詹遜（Franklin C. Gimson）被委任為英國駐港代表，負責籌組臨時政府。英國海軍少將夏慤（Rear Admiral H.J. Harcourt）於 8 月 30 日接收香港，恢復英國對香港的殖民統治，正式結束三年零八個月的日佔時期。[11]

夏慤於 1945 年 9 月 1 日宣布成立軍政府，並由他本人出任軍政府首長及三軍總司令，9 月 16 日代表英國政府及中國戰區最高統帥，在港督府舉行受降儀式。軍政府務求公共設施盡快回復正常，致力維護公共秩序，負責維持治安的是金冕多部隊（Commandos，即海軍陸戰隊）。當時戰爭剛剛結束，不少英軍艦艇雲集香港，等待指示安排回國，其中不少軍人是足球健將。在戰時逃往內地的華人球員，開始陸續返回香港，李惠堂便於 10 月 27 日晚上從五華返港。於是，金冕多便約戰華聯，於 11 月 1 日在京士柏球場，舉行救濟貧民基金義賽，成為戰後香港第一場正式的足球比賽。華聯由於人腳不齊整，只能夠勉強湊足人數成軍，結果大敗於金冕多腳下。[12]

香港足球運動能夠在二戰結束後迅速恢復，軍政府實在功不可沒。它召集足球圈人士開會，兩個月之後，便先後舉辦了華國

▲ 1945 年 8 月 15 日，日本宣佈無條件投降。圖為在香港總督府舉行的盟
軍受降儀式。

盃和文錦盃兩項足球比賽，參賽球隊包括英軍聯、空軍、海軍、金冕多和華聯。華聯受到人腳所限，在華國盃連戰失利，在文錦盃才吐氣揚眉。比賽期間，夏愨親臨掃桿埔球場觀戰，結果華聯憑著李德祺、黃景聰、馮景祥、鄒文治各入一球，以四比零大勝海軍，贏得文錦盃冠軍，一吐戰後連場敗北的頹勢。[13]

軍政府希望能夠盡快復辦聯賽，經中西軍民開會後，決定聯合舉辦復興足球聯賽，由黃家駿擔任主席，中華藥房捐贈銀盃作為聯賽獎盃，先施公司捐出銀盾作為銀牌賽獎品。各支華人球隊代表商討後，都認為當時返港的華人球員尚不多，勉強組軍恐怕會全軍盡墨，於是只派南華、東方、光華三支華人球隊參賽。相反，英國海陸空三軍人數眾多，加上從赤柱集中營釋放出來的文職人員為數也不少，於是組成空軍、海軍甲、海軍乙、金冕多、工程、文員甲、文員乙七支洋人球隊，使復興足球聯賽共有十支球隊參加。[14]

復興足球聯賽於 1946 年 1 月展開，由於時間所限，加上只得銅鑼灣的海軍球場可進行比賽，遂採取單循環制。三支華人球隊之中，以東方實力最強，擁有侯榕生、張金海、許竟成、鄧廣森、馮景祥、黎兆榮等名將，被視為爭標熱門，可惜在關鍵之戰敗於空軍。結果空軍以九戰十五分獲得冠軍，東方、金冕多、海軍乙三隊同得十四分，但金冕多憑較佳得失球獲亞軍，南華第五、光華第六。銀牌賽方面，東方於四強賽爆冷遭海軍乙淘汰，決賽海軍乙以四比三力克金冕多，獲得戰後首屆銀牌冠軍。[15]

到了 1946 年夏天，足球總會已經恢復運作，黃家駿蟬聯主

席一職，在羅文錦律師樓召集各支球隊召開會議。因為戰前原有的獎盃，大部分都已經散失，旭和盃與麗華盃決定取消，由紀念盃及士丹利木盾賽取代，連同原有的聯賽、銀牌賽、國際盃、督憲盃，仍然維持六大錦標。

各支華人球隊此時都已經復員，香港會球場與南華會球場的重建工作都已經完成，比賽場地較為充裕。1946 至 1947 年度甲組聯賽，共有十二支球隊參加，華人球隊亦增加至五隊，分別是東方、南華、光華、星島、中華，其中星島班主胡好招兵買馬，羅致了余耀德、侯榕生、譚江柏、許竟成、張金海、馮景祥、何應芬、黎兆榮等球員，實力最為強勁。星島果然以無敵姿態，二十二場聯賽十九勝、二和、一負得四十分，拋離第二位的南華六分，首次贏得聯賽冠軍。銀牌決賽面對南華，亦憑曹秋亭梅開二度，黎兆榮、張金海各入一球，以四比一大勝南華奪冠。連同季前的士丹利木盾賽，以及星島 B 隊贏得乙組聯賽冠軍，使星島成為香港足球史上史無前例的四冠王，風頭一時無兩。[16]

到了 1947 至 1948 年度球季，足球總會同意新成立的九巴，以及在戰前已在乙組打滾多年的傑志，升上甲組作賽，令甲組史無前例地有七支華人球隊，甲組聯賽參賽球隊亦增加至十五隊。傑志在富商何肇陵與曾境康支持下，得到星島班主胡好借出部分球員，包括幾位征英返港的猛將，陣中擁有張觀興、譚煥章、李炳照、郭英祺、鄧廣森等球員，在爭標關鍵戰以三比二力克星島，初升甲組便贏得聯賽冠軍。值得一提的是，華人球隊在這一球季包辦了六大錦標。[17]

▲戰後初期風頭一時無兩的星島

▲戰後初期曾經擊敗星島、初升甲組便取得聯賽冠軍的傑志。

1948 至 1949 年度球季，由於胡好擔任南華足球部主任，星島暫時退出聯賽，原星島主力球員跟隨胡好過檔，南華人才過剩，遂派出 A、B 兩隊參賽，甲組聯賽球隊減至十三隊。南華 A 隊在何應芬、張金海、馮景祥、朱永強、黎兆榮等猛將助陣下，成功走出短暫的低潮期，贏得該隊戰後首個聯賽冠軍獎盃。[18]

　　戰後初期，參加甲組聯賽的華人球隊，有南華、中華、東方、光華、星島、傑志、九巴七支球隊，合稱七華會。[19] 其中南華、中華、東方、光華、星島五隊在戰前已是甲組聯賽球隊，傑志之前只在乙丙組角逐，九巴則是在 1947 年成立後直接加入甲組。除了復興聯賽由空軍奪冠，這亦是軍部及洋人球隊最後一次贏得聯賽冠軍，之後便是華人球隊的天下了。

球壇大亨胡好

胡好是緬甸華僑富商「萬金油大王」胡文虎的第三子，祖籍福建省永定縣，在緬甸首都仰光出生。四歲那年，他跟隨父親遷居新加坡，就讀於新加坡啟發學校。中學畢業後，到廣州入讀嶺南大學。

1937 年，胡好本來打算在廣州創辦《星粵日報》，可惜未幾爆發七七事變，國內局勢不穩。他遵從父親吩咐，到香港創辦《星島日報》，於 1938 年 8 月 1 日正式出版，他親自擔任社長。1940 年創立星島體育會，成立後不久，便向足球總會申請直接加入甲組聯賽，並且獲得批准。胡好憑著其雄厚財力，成功從南華羅致李天生、麥紹漢、侯榕生、宋靈聖、馮景祥、黎兆榮等主力球員。由於星島實力強勁，於 1940 至 1941 年度球季首次參加甲組聯賽，便獲得季軍。[20] 第二季，即 1941 至 1942 年度球季，星島實力更加強勁，一開始便高踞榜首，可惜球季因為日軍攻佔香港而中途腰斬。

日軍於 1941 年 12 月 25 日攻佔香港後，胡好並未立即離開香港，他給星島旗下球員米糧或現款救濟，自願離去的可以離去，不願離去的就留下來追隨左右。除了接濟星島球員外，胡好還贈送萬金油等藥物予民眾，因為戰爭時期藥物更加值錢，尤其是市面的黑市價格更高，如果獲得一百幾十打，已足以維持生

◀有「球壇大亨」稱號的胡好

活。因此，每天到星島大本營永安堂等候索贈的民眾擠滿一堂，有些更獲得一個代理商稱號，每天有若干貨可出，大賺一筆以解決生活困境，胡好可說是做了一件大功德，受到當時香港民眾稱頌。[21]

第二次大戰結束後，星島於 1946 至 1947 年度球季重新加入甲組聯賽，胡好大灑金錢組成班霸陣容，成為香港球壇上史無前例的四冠王。胡好因而躊躇滿志，於 1947 年夏天，帶領星島遠征英國，成為香港足球史上第一支遠征歐洲的華人球隊。[22]

在獲得足球總會批准、英格蘭足總接納後，星島於 1947 年 5 月 30 日出發遠征英倫。由胡好擔任領隊，前中華足球部主任李瀚淦任職員，足球總會主席黃家駿與足球總會秘書蘇沙亦有隨行。球員陣容除了星島奪標功臣外，再加上聖約瑟借將小告山奴，以及南華兩名借將鄒文治、朱永強。星島先轉戰南洋，先後到訪菲律賓、馬來亞、緬甸、泰國，錄得二十勝、一和、二負的成績。於 8 月抵達英國，由 8 月 23 日至 9 月 20 日，合共進行了

九場比賽，成績是二勝七負，所贏兩場比賽，分別以四比一大勝牛津聯，及以四比三險勝易爾福聯。據《球國春秋》記載：英國人對星島的表現，大致加以好評，並譽為東方的兵工廠隊。之後星島轉戰荷蘭，踢了兩場比賽，分別大敗給荷蘭選手隊與海牙聯隊，才結束遠征踏上歸途。[23]

帶領星島遠征英倫歸來後，胡好還支持升上甲組作賽的傑志，之後擔任過南華足球部主任一年，然後又再次重新支持傑志。由 1946 至 1950 年度數個球季，只要胡好支持那一支球隊，那支球隊便能夠奪得甲組聯賽冠軍。胡好仿如主宰了香港球壇，有如「香港球壇大亨」，大家都稱他為「胡波士」。因此，李峻嶸在《足球王國：戰後初期的香港足球》一書中，稱呼這個時代的香港足球是「胡好時代」，實在絕不為過。[24]

1948 年倫敦奧運，中國再次獲得奧運足球賽參賽資格，胡好自然成為選拔委員會的委員之一。1948 年初先初選出三十四名球員，同年 4 月在上海舉行會議，確定獲選入倫敦奧運代表隊的十八名球員名單，香港球員佔了十一人，當中有八人來自胡好旗下的星島。因此，倫敦奧運代表隊陣容，實際上是以星島作為班底。[25] 抵達英國後，雖然在熱身賽以三比一擊敗美國，但在奧運足球初賽以零比四不敵土耳其出局。

胡好在戰後初期出錢出力，先後支持星島、傑志、南華三支球隊，對香港球圈具有很大的影響力，其貢獻實在毋庸置疑。不過，正由於胡好太過財雄勢大，不惜工本將當時香港球壇大部分精英球員，都收歸自己的球隊旗下，因而引起其他球圈人士不

▶《香港星島體育會足球隊遠
征紀念刊》

▼參加 1948 年倫敦奧運足球
賽的中國隊員合照

滿，對他口誅筆伐，大肆攻擊。胡好遂於 1950 年 7 月離開香港球圈，返回新加坡經商，戰後初期香港球壇的「胡好時代」就此宣告結束了。

返回新加坡後，胡好主持《英文虎報》及《星洲日報》。雖已脫離球圈，但他仍然關心他曾經支持過的球會。1950 至 1951 年度球季，傑志實力大為削弱，季初成績大幅下滑，胡好便特別派遣朱志成等七名新加坡球員來港為傑志助陣，哄動本港球壇。

1951 年農曆正月十三日，胡好因公率領報社員工，乘搭報社專機飛往馬來亞北部視察業務。途經馬泰邊境時，飛機失事墜毀，墜落於泰國邊境的新芝巴地山上。救援人員經過二十多日搜索，證實胡好及同機九名人員全部罹難。胡好終年僅三十二歲，遺體運返新加坡，安葬於虎豹別墅。胡好不幸英年早逝，香港與新加坡分別舉行追悼大會，香港的追悼大會於加路連山道孔聖堂舉行，各界蒞臨致祭者超過一千人，各團體和私人致送花圈及輓聯多不勝數，場面備極哀榮。足球總會主席史堅拿（Jack Skinner）與球王李惠堂均有致悼辭，哀悼這位一代球壇大亨。[26]

為了紀念胡好生前對球壇的貢獻，香港足球總會與新加坡足球總會聯合舉辦胡好盃港星埠際賽，每年輪流於兩地舉行。[27] 首屆賽事於 1952 年 4 月底在新加坡舉行，賽和零比零，重賽亦賽和一比一，兩隊各保存獎盃半年。[28]

註釋

1. 蔡思行：《香港史 100 件大事》上冊（香港：中華書局〔香港〕有限公司，2012年），頁 276。

2. 黃嗇名：《球國春秋》（香港：大公書局，1951 年），頁 168。

3. 同上，頁 171-172。賴文輝：《香港十大名將》（香港：青森文化，2013 年），頁 15。

4. 韋基舜：《吾土吾情 II》（香港：成報出版社，2005 年），頁 147-148。

5. 《現代快報》，2014 年 9 月 4 日刊載。

6. 《華僑日報》，1954 年 8 月 3 日報導。

7. 《香港足球總會 90 週年紀念特刊》，頁 61。

8. 同上。李峻嶸：《足球王國：戰後初期的香港足球》（香港：三聯書店〔香港〕有限公司，2015 年），頁 12。

9. 黃嗇名：《球國春秋》，頁 176。

10.《大公報》，1979 年 7 月 21 日報導。

11. 謝永光：《香港戰後風雲錄》（香港：明報出版社，2016 年），頁 20-21。

12. 黃嗇名：《球國春秋》，頁 173。

13. 楊志華：《香港足球史話 1945-1969》（香港：明文出版社，2009 年），頁 4-6。《星島日報》，1945 年 12 月 3 日報導。

14. 黃嗇名：《球國春秋》，頁 173。《星島日報》，1945 年 10 月 22 日報導。

15. 同上，頁 174。

16. 同上，頁 175-176。

17. 同上，頁 183-190。

18. 同上，頁 212-216。

19. 楊志華：《香港足球史話 1945-1969》，頁 41。

20. 李峻嶸：《足球王國：戰後初期的香港足球》，頁 4。

21. 黃嗇名：《球國春秋》，頁 170。

22. 李峻嶸：《足球王國：戰後初期的香港足球》，頁 4。

23. 黃嗇名：《球國春秋》，頁 180-181。

24. 李峻嶸：《足球王國：戰後初期的香港足球》，頁 4-6。

25. 沈文彬：《中國的足球搖籃：上海足球半世紀 1896—1949》（上海：上海文化，1995
    年），頁 311-312。

26. 黃嗇名：《球國春秋》，頁 251。

27. 同上，頁 252。

28.《工商日報》，1952 年 4 月 28 日報導。

4

黃金時期

南巴大戰與南華四條 A

在 1947 年 3 月才成立的九巴足球隊，適逢兩屆聯賽盟主巴付陸軍調離香港，九巴申請替補其空缺獲得足球總會批准，得以直接加入 1947 至 1948 年度球季甲組聯賽角逐。在老闆雷瑞熊、雷瑞德大力支持下，羅致了孫寶安、麥紹漢、李天生、鄧森、譚江柏、譚家駿、錢熾輝、張松根、鄧宜杰、卓石金、李碩友等球員，後來，再有鄒文治、馮坤勝加盟，在季初的士丹利木盾賽便獲得亞軍，實力不容小覷。[1]

第二次世界大戰前，已經成為本港球壇班霸的南華，在戰後初期成績未如理想，頭三個球季都與錦標無緣，直到 1948 至 1949 年度球季，胡好擔任南華足球部主任，隨著星島一班球星跟隨過檔，才帶領南華走出低谷。另一方面，九巴在這個球季亦增強實力，加入了譚均幹、李大輝、孔慶煜、李春發等實力戰將，成為聯賽錦標有力的挑戰者，著名的南巴大戰亦是始於這個球季。

由於南華人材過剩，這個球季遂派出 A、B 兩隊參賽，主力所在的南華 A 隊，擁有侯榕生、何應芬、張金海、馮景祥、朱永強、黎兆榮等猛將，陣容相當鼎盛，開季後一直領先，比賽至第十八週才以零比二被中華打破不敗之身。不過，南華仍然位居榜首，中華多踢兩場少一分排第二，九巴少踢一場落後五分排第

▶九巴老闆之一雷瑞熊

三，因此聯賽次循環的南華對九巴，便成為爭標的關鍵之戰。這場南巴大戰於 1949 年 4 月 13 日在花墟球場上演，儘管當日下著雨，但接近一萬個座位仍然是座無虛席。南華雖然有宋靈聖因傷缺陣，但憑著朱永強上下半場各入一球，以二比零擊敗九巴，贏得該隊戰後首個聯賽錦標。九巴最後一場以七比零大勝傑志後，終以一分之微力壓中華，成立第二年便獲得聯賽亞軍。[2]

到了 1950 至 1951 年度球季，由於胡好離開香港返回新加坡，上屆冠軍傑志失去財政支持，實力大為削弱，遂變成南華與九巴兩雄爭霸局面。九巴先聲奪人，於銀牌決賽以二比一擊敗南華，贏得創會首個重要錦標。南華在聯賽榜原本一直領先，可是 1 月下旬應泰國客屬總會邀請前往當地踢了六場義賽，回港後在兵疲狀態下以零比三不敵光華，令領先優勢大減，季尾又遭警察逼和三比三失分。結果，南華與九巴總積分同樣是三十七分，

◀九巴名將周少雄（左）、
劉志霖。

▼九巴全盛時期陣容

由於當時賽例不計算得失球，故需要進行一場附加賽決定冠軍誰屬。比賽於 1951 年 4 月 28 日在香港會球場舉行，一萬四千個座位全部爆滿，陣容較為完整的九巴，賽前被稍為看好，卻在完場前三分鐘被南華逼和二比二，加時再無增添紀錄，需要重賽。

重賽雖然在 5 月 5 日星期五舉行，但香港會球場仍然是再次滿座，開賽僅五分鐘，李育德在禁區內被侯榕生踢跌，南華獲判十二碼，朱永強主射入網先開紀錄。比賽到二十八分鐘，輪到九巴獲判十二碼，可惜鄒文治射得太正被門將接去，令九巴士氣受挫。下半場，李育德、姚卓然、朱永強各入一球，南華以四比零遙遙領先，九巴最後只能憑譚煥章接應角球頂入破蛋。南華以四比一勝出，贏得冠軍，九巴則連續三屆聯賽屈居亞軍，南巴大戰從此成為球迷心目中的經典戲碼。[3]

踏入 1960 年代，九巴戰績時好時壞，南巴大戰的吸引力已大不如前。到了 1970 至 1971 年度球季，九巴在聯賽排尾二降班，南巴大戰終成絕唱。兩隊歷來於聯賽對壘五十六場，南華勝三十九場，九巴勝十一場，賽和六場。盃賽交手二十一場，南華勝十三場，九巴勝四場，賽和四場。可見兩隊對賽成績，南華佔了壓倒性優勢，九巴實在顯得相形見拙，雖說是南巴大戰，但九巴其實一直活在南華陰影之下，只能夠扮演一個有力的挑戰者角色。事實上，九巴亦只曾在 1953 至 1954 年及 1966 至 1967 年度兩個球季，贏過兩屆甲組聯賽冠軍而已。

除了南巴大戰，當年同樣經典的，還有南華四條 A。有「香港之寶」美譽的姚卓然出身傑志，在甲組亮相短短半季已經迅速

成名，連球王李惠堂都對他大加讚賞：「其長處在於控球純熟，路數縱橫，傳遞準確。」[4]1950 年夏天，傑志在胡好離開後內部出現混亂，姚卓然便與朱永強一同轉投南華，從此踏上球員生涯的高峰期。同年加盟南華的，還有來自東方的左翼莫振華，雖然他曾於 1954 年短暫加盟九巴，但很快便重返南華效力。姚卓然、莫振華連同 1954 年由星島加盟的右輔何祥友，於 1954 至1955 年度球季，他們合力協助南華贏得聯賽與銀牌雙料冠軍，三人遂被稱為南華三條 A。

後來，來自澳門的右翼黃志強，1956 至 1957 年度球季來港加盟中華，闖出名堂之後，於 1957 年轉投南華。黃志強綽號「牛屎」，與綽號「莫牛」的莫振華，合演雙翼齊飛，因此二人被稱為「雙牛陣」。黃志強迅速融入球隊，表現獲得擁南躉及球評家認同，使他得以與姚卓然、莫振華、何祥友，合稱為南華四條 A。[5]他們四人連同中鋒李育德，組成了香港足球史上最強的攻擊組合，被稱為南華五虎將。[6]

可惜由於南華攻擊力太強，其他球隊難攖其鋒，令聯賽缺乏競爭，影響所及，入場觀眾人數下降，導致多支球隊錄得虧損。故此南華便於 1960 年夏天讓姚卓然轉投東華，南華四條 A 這個黃金組合，只維持了短短三個球季，便要宣告拆夥了。莫振華亦於 1963 年離隊加盟東華。南華能夠從 1957 至 1962 年，創下聯賽六連霸佳績，南華四條 A 實在是居功至偉。

▲南華五虎將（前排左起：黃志強、何祥友、李育德、姚卓然、莫振華）

兩奪亞運金牌

國民黨政府在 1949 年遷台後，繼續以「中華民國」名義，參加國際足球比賽。由於台灣的足球水平不高，故此台灣當局繼續像戰前一樣，徵召香港球員代表「中華民國」比賽，最佳成績是兩度奪得亞運足球金牌，是至今中國人在亞運足球的最佳成績。

足球總會在 1954 年加入國際足協，同年，香港又成為總部設於香港的亞洲足協創始會員，並且由足球總會會長羅文錦兼任會長，足球總會主席史堅拿代表亞洲足協出任國際足協副會長，球王李惠堂又獲選為亞洲足協創會秘書長，可見當時香港在亞洲球壇地位舉足輕重。[7] 即使如此，香港絕大部分頂級球星，仍然選擇代表「中華民國」出賽，次一級的球星才會代表香港，令當時的香港隊淪為香港 B 隊，李育德、何祥友、高寶強，是少數選擇香港隊的一線球星。不過，大多數球員的選擇與政治因素無關，主要是「中華民國」的待遇和福利較好，到東南亞比賽亦遠比代表殖民地的香港隊受歡迎。

1954 年馬尼拉亞運是國民黨政府遷台後，第一次出席大型運動會，由華協在香港選拔十七名球員，包括鮑景賢、劉儀、侯榕生、唐湘、吳祺祥、鄒文治、陳輝洪、鄧森、侯澄滔、金祿生、李春發、司徒文、姚卓然、朱永強、羅國泰、楊偉韜、李大輝、

▲ 1954 年馬尼拉亞運「中華民國」隊取得入球

▲ 蔣介石接見在亞運會奪金的功臣

何應芬，加上嚴士鑫、徐祖國、儲晉清、陸慶祥四名台灣球員，由李惠堂擔任教練，黎兆榮擔任助教，率隊前往馬尼拉參賽。

「中華民國」在分組賽先以三比二擊敗南越，再以四比零大勝東道主菲律賓，兩戰全勝晉級四強。準決賽面對印尼，憑著李大輝梅開二度，姚卓然、朱永強各入一球，四比二淘汰印尼，以全勝姿態晉身決賽。決賽於 5 月 8 日在黎剎紀念公園運動場舉行，遇上爭金勁敵南韓，姚卓然開賽九分鐘便先開紀錄，十九分鐘南韓球員在禁區內犯手球被罰十二碼，莫振華主射入網，領先二比零。南韓於三十分鐘由崔貞敏遠射得手，追成一比二。李大輝與吳祺祥勇戰受傷，於半場由司徒文、鄒文治入替。換邊後，朱永強於五十七及六十七分鐘個人梅開二度，將比數拉開至四比一。雖然朴日甲三分鐘後替南韓追近至二比四，但莫振華於八十二分鐘射入，奠定勝局，「中華民國」以五比二大勝南韓，首次贏得亞運足球金牌。[8]

這班亞運足球奪金功臣，於 6 月 24 日應邀到台灣訪問，甫落機便在台北舉行花車巡遊，九日訪台行程中，進行了兩場表演賽，在離台前一天，還獲得蔣介石接見，[9] 教練李惠堂更獲得單獨會面半小時，足見其深受蔣介石器重。[10]

1958 年東京亞運，「中華民國」以衛冕冠軍身份出戰，李惠堂繼續擔任教練，助教則是朱國倫、楊根保。這屆派出全香港球員陣容參賽：劉建中、郭秋明、劉儀、林尚義、何志坤、劉添、羅北、鄧森、羅國良、羅國泰、李國華、郭有、周少雄、陳輝洪、劉瑞華、郭錦洪、姚卓然、何應芬、黃志強、楊偉韜、郭滿

華、莫振華、姚卓然。

在分組賽，「中華民國」先以二比一小勝馬來西亞，然後以三比一輕取巴基斯坦，再次兩戰兩勝晉級。八強賽憑著羅國泰與莫振華各入一球，以二比零淘汰以色列。準決賽面對印尼，憑著周少雄頂入全場唯一入球，險勝一比零晉身決賽。決賽於 6 月 1 日在東京國立運動場上演，對手又是南韓，跟四年前輕鬆取勝不同，這次「中華民國」陷於苦戰，開賽十五分鐘，李秀男趁門將劉建中撲出射門不遠，衝前補射入網，替南韓先開紀錄。完上半場前一分鐘，林尚義由於多次犯規被紅牌趕離場，「中華民國」被逼以十人應戰。儘管以寡敵眾，下半場反而搶回不少攻勢，戰至六十五分鐘憑著黃志強的入球，扳成一比一平手。之後，戰至八十八分鐘，羅國泰近門抽射，被南韓後衛金洪福情急之下用手擋出，球證判罰十二碼，劉儀主射入網，替「中華民國」反超前二比一。可是南韓中圈開球後立即策動反攻，崔光石突入中路抽射入網，閃電逼和二比二，兩隊需要加時再賽。加時上半場戰況陷於膠著狀態，加時下半場「雙牛陣」發揮威力，「莫牛」莫振華左路底線傳中，身型矮小的「牛屎」黃志強冒著被踢爆頭的危險飛頂入網，協助球隊以三比二險勝南韓，成功衛冕亞運足球金牌。[11] 香港隊在這屆亞運足球賽亦取得不俗成績，分組賽先以四比一大勝菲律賓，再以二比零擊敗日本，兩戰兩勝晉身八強，可惜八強賽以二比五不敵印度出局。

東京亞運閉幕後，「中華民國」隊由日本飛往台灣訪問，受到當地民眾熱烈歡迎，在台北街頭再次舉行花車巡遊，這次未有

▲ 1958 年，「中華民國」在東京亞運成功衛冕足球金牌。

獲得蔣介石接見，而是由陳誠代表蔣介石與球員會面。[12]

到了 1962 年亞運，兩屆亞運足球金牌得主「中華民國」力爭三連冠。當年 6 月在台灣舉辦了一次遴選賽，決選出參賽球員名單，是以香港球員為骨幹，加上一名台灣球員、一名菲律賓華僑成軍，繼續由李惠堂擔任教練。大軍由香港出發，飛往南越首都西貢，展開南遊，寓賽於操。可惜最終由於已經與北京建交的主辦國印尼，拒絕發出簽證，「中華民國」亞運代表團無法入境，令球隊白白失去了爭取亞運足球三連冠的機會，實在令人惋惜。

張子岱加盟黑池

1960 年羅馬奧運足球賽，「中華民國」第三次取得參賽資格，正當香港球員個個磨拳擦掌，爭取在奧運賽場獻技之際，球壇新星張子岱卻選擇放棄參加羅馬奧運，因為他正準備加盟英格蘭甲組聯賽球會黑池，成為歷來第一位遠征歐洲球壇的華人職業球員。

張子岱是上海足球名將張金海的次子，四兄弟從小便跟隨父親到球場練習，哥哥張子文與幼弟張子慧，長大後都成為甲組球員，堪稱是一門四傑。

自小受到父親薰陶，張子岱年僅十五歲便加盟星島預備組，1959 年在東華展開甲組球員生涯。體育記者麥他維殊與英籍球證韋特（Robert White）都認為，這位華人新星是可造之材，翌年夏天便一同向黑池推薦年僅十九歲的張子岱。雖然當年奧運只限業餘球員參加，一旦成為職業球員，便會喪失參加奧運資格，但張子岱仍然認為值得：「奧運無疑是四年一度的盛事，惟也只是一次賽事，對個人足球事業的幫助，遠遠比不上加盟黑池。」[13]

不過，當年英格蘭球壇風氣非常保守，領隊喜歡重用年紀大而具名氣的球星，而非按照球員狀態選派球員上陣，令年輕球員很難有機會冒出頭來。黑池陣中雖然有神射手燦尼（Ray Charnley）與英格蘭國腳後衛安菲特（Jimmy Armfield），但全

▶ 張子岱與馬菲士

隊球員年紀偏大,年屆四十多歲的英國球王馬菲士(Stanley Matthews)身材已經發福,卻仍然獲派上陣作生招牌,故此球隊成績欠佳。[14]

　　影響所及,張子岱大部分時間只能在預備組賽事上陣,1960至1961年度球季,他上陣二十六場,合共有十四個入球,在射手榜位列次席。1961年1月14日,張子岱首次在英格蘭甲組聯賽亮相出戰狼隊,可惜比賽只進行了九分鐘便因為濃霧被逼腰斬。[15] 之後對保頓的比賽,張子岱才第一次踢完全場甲組賽事。[16]

　　直至加盟黑池的第二個球季,於1961年11月25日的甲組聯賽主場對錫周三,張子岱終於取得他在英格蘭甲組的第一個入球,射破了英格蘭國家隊門將史賓格(Ron Springett)的十指關,然而黑池仍然以一比三落敗,這亦是他最後一次為黑池在甲組聯賽上陣。[17]

▲張子岱（前排左二）與黑池隊友合照

▲張氏一門四傑：張子慧、張金海、張子文、張子岱（從左至右）。

黑池的生活亦令張子岱難以適應，當年黑池只是個海邊小鎮，人口只有十萬人，很少中國人，只得兩間由台山人開設的餐館，食物完全不合香港人口味。黑池遠離大城市，生活非常枯燥乏味，夏天尚且有不少遊客前往渡假，冬天就如同死城。當地沒有甚麼夜生活，唯一的娛樂就是週末去舞廳，可惜張子岱對跳舞完全沒有天份，只跟隊友去過一兩次而已。由於缺乏上陣機會，加上思鄉情切，張子岱遂主動要求解約返港，總計他在英格蘭甲組上陣五場，取得一個入球。[18]

在英格蘭效力的一個半球季，張子岱雖然說不上是成功，但對初出道不久的他來說，實在是很難得的寶貴經驗，尤其是英格蘭職業球會的操練方式，使他的個人體能與身體對抗性大為提高，令他受用一生。回到香港後，張子岱的優勢特別明顯，很快便奠定了他在 1960 年代香港首席球星的地位。

後來，黑池於 1965 年 6 月與錫菲聯一同訪問香港，參與足球總會慶祝金禧紀念的表演賽。最終，黑池以七比二大勝有姚卓然、張子岱、劉添在陣的華聯，張子岱的弟弟張子慧在比賽中梅開二度。[19] 黑池訪港期間，領隊蘇維爾（Ron Suart）特別邀請張子岱到酒店聚舊，並即場表示希望他重返黑池效力。不過，張子岱這時已經貴為香港首席球星，加上已成家立室，幾經考慮之後，最終婉拒了蘇維爾的好意。

到了 1968 年，他與弟弟張子慧雙雙入選亞洲明星隊，到馬來西亞與英格蘭甲組聯賽球隊富咸踢表演賽，獲得富咸陣中英格蘭球星卜比笠臣（Robert W. Robson）賞識。卜比笠臣退役後，

▲張子岱（中）突破對方後衛防線

▶張子岱曾入選亞洲明星隊

便邀請他們兄弟二人一起加盟其執教的北美聯賽球會溫哥華皇家。可惜他們加盟短短一個月後，卜比笠臣便因為與班主意見不合辭職，接任的匈牙利球王普斯卡斯（Ferenc Puskas）完全不諳英語，又引入匈牙利與西班牙外援，與陣中原有的英語系外援不和，不時出現衝突，甚至大打出手。影響所及，溫哥華皇家的戰績自然欠佳，球會財政更出現嚴重虧蝕，短短一年便宣佈退出。[20] 張子岱遂轉投另一支北美聯賽球會聖路易明星，未幾甲組「升班馬」怡和班主祈士域，透過其父親張金海向他提出邀請，剛巧他正在考慮應否繼續留在北美，便決定返港加盟怡和，結束第二次出外效力的生涯。[21]

　　事隔多年之後，張子岱於 2016 年 8 月應紀錄片《尋找張子岱續集》攝製隊邀請，重返黑池與昔日隊友安菲特、格連占士（Glyn James）聚舊，並且在黑池主場對普利茅夫的比賽，擔任特別嘉賓，獲得主場球迷報以熱烈掌聲。[22]

左右對峙與愉園退出甲組聯賽

第二次世界大戰結束後，香港球員繼續像戰前一樣，代表「中華民國」參加國際比賽。1950 年代，香港足球圈是以右派人士為主流力量，直至左派球會愉園於 1959 年首次升上甲組，才開始進入左右對峙年代。

當時，香港的右派球會以東方、光華、傑志為代表，其中上海商人王志聖支持的光華，於 1952 年到日本比賽後，取道到台灣訪問，成為 1949 年後第一支到台灣訪問的香港甲組球隊，因此光華訪台之行，極具象徵意義。[23] 光華在台灣訪問期間，除了與台灣球隊進行表演賽之外，還拜訪了不少黨政軍單位，並且獲得蔣介石接見。[24] 除了光華外，另外兩間右派球會傑志和東方，以至政治立場較為中立的南華，都曾經到台灣訪問比賽。而台灣的介壽盃足球賽，每年也有邀請香港球隊參賽。由此可見，右派人士於 1950 年代在香港球壇扮演著主導角色。

儘管如此，左派人士在 1956 年新春期間，組織了來自港澳的足球、籃球、羽毛球和網球隊到廣州訪問，廣東省體委為免對到訪的球員造成影響，遂將運動員名單保密。[25] 到了 1959 年，左派球會愉園首次升上甲組後，左派人士在香港球圈遂逐漸活躍起來。愉園於 1950 年由左派學校僑光中學的五名校友創立，於 1957 年加入丙組，用了兩年時間直升上甲組，資金來源正是中

資企業。[26] 其後，左派商人霍英東創辦的東昇，於 1962 年也升上甲組，與右派球會分庭抗禮，形成左右對峙的局面。同樣具有左派背景的電話，亦曾於 1967 年升班，不過電話只在甲組角逐了八個球季，影響力自然無法跟愉園、東昇比擬。

香港球圈在左右對峙的形勢下，每當左派球會與右派球會對壘，都增添了大戰氣氛，尤其是東方對愉園最受矚目，被傳媒與球迷稱為「國共大戰」。而花墟球場由於鄰近石硤尾、大坑東等較多右派人士聚居的屋邨，更有如是東方的主場，所以其球員在花墟球場的表現特別出色。

愉園雖然是左派的龍頭球會，甫升上甲組便連續三個球季獲得聯賽亞軍，但在 1960 年代，只曾於 1964 至 1965 年度球季，贏過一次甲組聯賽冠軍。當年球圈流傳的說法是，由於東昇與電話長年在護級漩渦中掙扎，為了保持左派球會在甲組的勢力，愉園通常在季尾都會「巧合地」失分於友會腳下，使愉園往往在聯賽爭標都功敗垂成。[27] 到了 1967 年，愉園更因為不滿足球總會發聲明支持香港政府「平暴」，憤而退出甲組聯賽以示抗議。[28] 六七事件結束後，愉園才重新加入丙組，再一次用兩年時間直升上甲組。

左右對峙的「戰場」，不僅在球場內，在球場外雙方也進行角力。從 1960 年代開始，香港出現了批評台灣徵召香港球員參加國際賽的輿論，足球總會的洋人執委，包括警察的麥尼路與流浪的畢特利，亦對香港球員代表「中華民國」出賽非常不滿。[29] 不但左派報章反對香港球員為台灣出賽，就連英文報章亦批評有

▲愉園升班功臣合照（前排左二
為黃文偉）

◀黃文偉與女星白茵結婚照

關做法損害香港利益。

1963 年，陸軍在足球總會的代表伊律（A.R. Elliot）率先要求執委會討論香港球員代表台灣的問題。會長羅理基（Albert M. Rodrigues）透過決策委員會討論有關問題。同年 9 月，足球總會執委會便通過規定：曾代表過其他地方出賽的球員不得再代表香港代表隊和香港外遊隊。不過，此舉除了引起替台灣選拔球員的華協不滿外，部分球員也感到不滿，他們聯署要求足球總會修改規定，結果足球總會在壓力下決定放寬有關規定。[30]

與此同時，左派人士與足球總會的洋人執委合作，聯手阻止香港球員代表「中華民國」出賽。愉園曾經嘗試為效力該會的「中華民國」國腳，申請改為代表香港隊出賽。不過，部分愉園球員，好像黃文偉仍然繼續有代表「中華民國」，[31] 直至他跟左派新聯電影公司女星白茵結婚之後，考慮到政治立場有衝突，才暫時婉拒代表「中華民國」。到了 1968 年亞洲盃外圍賽，在盛情難卻下，他又再次披上「中華民國」戰衣，踢完亞洲盃決賽週，才正式告別國際賽。[32]

1964 年東京亞運閉幕後，國際足協秘書長卡沙（Helmut Kaser）經香港與足球總會人士會面，解釋有關球員代表資格的新例。其後，足球總會主席傅利沙（Norman Fraser）於 1965 年去信卡沙，再就代表資格問題展開討論。卡沙的回信強調，球員有資格代表那一個國家，是取決於球員是那國的公民，出生地只是成為某國公民的其中一個方法，令傅利沙欲以出生地去阻止香港球員代表「中華民國」的希望落空。

到了 1966 年亞青盃開賽前，有關代表資格問題再次引起爭議，足球總會執委會通過了有關代表資格的新議案。不過，由於國際足協明確表示，足球總會無權自行審查球員的國籍，被「中華民國」徵召的香港球員得以順利參賽。同年 12 月舉行的曼谷亞運，足球總會又引用會章第十一條阻止球員代表「中華民國」參加亞運，結果入選「中華民國」的十六名香港球員，最終只有十三人成功前往參賽。足球總會原本打算懲處這十三名球員，後來因為收到國際足協的警告信，才被逼作罷。[33]

　　隨著 1971 年中華人民共和國取得聯合國席位，以及台灣於 1974 年被逐出亞洲足協，香港球壇的左右對峙局面才告落幕。

註釋

1. 黃嗇名：《球國春秋》（香港：大公書局，1951 年），頁 183。

2. 同上，頁 212-213。

3. 同上，頁 239-241。

4. 「球經釋疑」專欄，《大公報》，1949 年 5 月 28 日刊載。

5. 李峻嶸：《足球王國：戰後初期的香港足球》（香港：三聯書店〔香港〕有限公司，2015 年），頁 7。

6. 賴文輝：《香港十大名將》（香港：青森文化，2013 年），頁 24。

7. 李峻嶸：《足球王國：戰後初期的香港足球》，頁 20。

8. 《工商日報》，1954 年 5 月 9 日報導。

9. 李峻嶸：《足球王國：戰後初期的香港足球》，頁 40。

10. 賴文輝：《香港十大名將》，頁 17。

11. 《工商日報》，1958 年 6 月 2 日報導。

12. 李峻嶸：《足球王國：戰後初期的香港足球》，頁 48。

13. 賴文輝：《香港十大名將》，頁 31。

14. 莫逸風、黃海榮：《香港足球誌》（香港：上書局，2008 年），頁 22。

15. 李峻嶸：《足球王國：戰後初期的香港足球》，頁 8。

16. 賴文輝：《香港十大名將》，頁 32。

17. 李峻嶸：《足球王國：戰後初期的香港足球》，頁 8。莫逸風、黃海榮：《香港足球誌》，頁 23。

18. 賴文輝：《香港十大名將》，頁 33。

19. 《工商日報》，1965 年 6 月 18 日報導。

20. 莫逸風、黃海榮：《香港足球誌》，頁 25-26。

21. 賴文輝：《香港十大名將》，頁 34-35。

22.《香港 01》，2016 年 8 月 29 日報導。

23. 李峻嶸：《足球王國：戰後初期的香港足球》，頁 38。

24.《香港時報》，1952 年 6 月 20 日報導。

25. 李峻嶸：《足球王國：戰後初期的香港足球》，頁 87。

26. 高立：《跟著足球看香港》（香港：次文化堂，2016 年），頁 62-63。

27. 同上，頁 66-67。

28. 李峻嶸：《足球王國：戰後初期的香港足球》，頁 188。

29. 楊志華：《香港足球史話 1945-1969》（香港：明文出版社，2009 年），頁 64。

30. 李峻嶸：《足球王國：戰後初期的香港足球》，頁 91。

31. 同上，頁 87-88。

32. 賴文輝：《香港十大名將》，頁 44。

33. 李峻嶸：《足球王國：戰後初期的香港足球》，頁 92-99。

5

轉型時期

流浪引入蘇格蘭外援

香港聯賽早年並沒有外援的概念，雖然港會、警察、聖約瑟及軍部球隊，都有派駐香港的外國人，但都不會被視作外援。戰後初期，傑志曾經引入東南亞國腳外援，星島亦曾經聘用南韓外援許允正，由於在香港效力時間不長，因而並未引起注意。直至1970年，流浪班主畢特利（Ian John Petrie）破天荒從祖家蘇格蘭，引入「耶穌」居理、「大水牛」華德與「長頸鹿」積奇三名蘇格蘭外援，開創香港球會聘用歐洲外援的先河，才引起了本港球壇的哄動。[1]

元朗鄉紳趙不弱、陳瑤琴夫婦，於1970年夏天入主流浪，分別擔任會長及足球部主任，解決了球隊資金長期不足的問題。為了要大展拳腳，畢特利決定在蘇格蘭物色球員。他先在英國報章刊登廣告招聘球員，結果收到超過七十名球員來信應徵。同年8月初，他與趙不弱、陳瑤琴夫婦、主席佐治（Willie Jorge）、隊長郭家明，一同飛往格拉斯哥親自挑選球員，目標是物色三名中前場球員來港，改善球隊攻擊力不濟的弱點。

畢特利等抵埗後，在一間酒店逐一接見應徵者，揀選其中較有經驗的球員，於8月16日借用蘇格蘭乙組球隊咸美頓的球場，與一支格拉斯哥業餘球隊進行比賽試腳。畢特利最終揀選了居理、華德與積奇，三人遂成為香港足球史上，首批來自歐洲的

▶流浪班主畢特利（Ian John Petrie）

外援球員。

　　居理（Derek Currie）當年二十一歲，五呎九吋高，司職左翼，原本效力蘇格蘭甲組球隊馬瑟韋爾（Motherwell），上陣二十六場，射入二十一球。居理的特點是速度飛快，而且左右腳均能射門，由於留長髮及蓄鬍子，球迷為他取了個外號叫「耶穌」。這個外號成為他深入民心的名字，很多球迷反而忘記了他的真名。

　　華德（Walter Gerrard）當年二十六歲，是三人中年紀最長的一位，六呎一吋高，司職中鋒，先後效力班士利（Barnsley）、埃克塞特（Exeter City）、車頓咸（Cheltenham）等英格蘭低組別聯賽球會，前一季上陣二十一場，射入二十八球。由於體格魁梧，畢特利為他取了個綽號叫「大水牛」。華德雖然腳法平平，但勝在頭球了得，迎頂時間準繩，已故香港隊隊長胡國雄便盛讚他是最合拍的前鋒，只要把球傳入禁區，華德自然懂得走位接應。[2]

　　積奇（Jackie Trainer）當年只得十八歲，是三人中年紀最輕

的一位，六呎一吋高，司職中場或輔鋒。他原本正打算加盟香港球迷熟悉的倫敦球會昆士柏流浪（Queens Park Rangers），但他認為來港是難得的機會，遂接受畢特利的邀請。積奇的特點是左右腳皆純熟，擅長於中場作出傳送，為前鋒鋪橋搭路，自己亦有遠射腳頭。由於身型又高又瘦，因此被香港球迷冠以「長頸鹿」的外號。

流浪與三人簽署了兩年合約，週薪同樣是二十六英鎊，跟隨畢特利、郭家明於同年 9 月 10 日飛抵香港。趙不弱、陳瑤琴、佐治聯同流浪球員數十人前往啟德機場接機，加上現場採訪的記者，場面相當熱鬧。[3] 三人抵港後翌日，隨即跟隨流浪前往赤柱，與乙組球隊獄吏進行友賽，結果流浪大勝十三比零，三人表現獲得好評，令本港球迷更加期待欣賞三人的演出。[4]

流浪原本於 1970 年 9 月 15 日進行該球季聯賽首場比賽，於花墟球場出戰東方，可惜因為場地積水被逼改期，三人延遲至 9 月 19 日對愉園的聯賽，才首次在香港正式亮相。比賽於下午五時半展開，由於球迷爭相一睹他們的表現，故開賽前一小時，花墟場已經宣告爆滿，還有大批球迷不得其門而入。

流浪沒有令全場一萬多名觀眾失望，開賽後便立即以長傳急攻，向愉園後防大舉進襲，僅十分鐘，華德頭槌二傳，居理衝頂入網，兩名蘇格蘭外援合力為流浪先開紀錄。愉園很快便由郭榮扳成平手，積奇由於狀態不佳，於二十九分鐘退下火線，由黎新祥入替。換邊後六分鐘，居理底線傳中，郭家明抽射，門將接球甩手，華德把握機會射入，流浪以二比一再次領先。戰至三十七

▲轉投精工的積奇與華德

▲積奇（左一）、華德（中）與居理（右一）是香港第一批歐洲外援。右二為前流浪門將李度，左二為前消防及市政門將奧順。

分鐘，郭家明傳中，後備入替的陳國樑頂成三比一。完場前一分鐘，華德在禁區內被侵犯博得十二碼，居理主射入網，首次上陣便個人梅開二度，協助流浪以四比一大勝重返甲組的愉園。居理與華德的表現，贏得球迷一致好評。[5]

這三名蘇格蘭外援，雖然不是甚麼大球星，對其球技當然不能過於奢求，但單靠身型和體能，長傳急攻和埋身衝撞的踢法，已足以令其他球隊的華人後衛聞風喪膽。結果，流浪就憑著這三名蘇格蘭外援，加上一班實而不華的華人小將，贏得 1970 至 1971 年度甲組聯賽與高級組銀牌賽，成為雙料冠軍。[6] 華德與居理同樣射入三十球，並列射手榜雙亞軍，僅以一球之差不敵該季神射手陳朝基。

由於表現出色，三人後來都被班霸精工羅致，華德與居理更加在香港落地生根。華德退役後曾經擔任精工助教，在香港結婚及經營洋酒生意，直至 2014 年在香港病逝，享年七十一歲。[7] 居理在香港居住滿七年後，更成為首名入選香港隊的英國籍球員，參加過世界盃外圍賽及亞洲盃外圍賽。[8] 上陣六場，取得一個國際賽入球。退役後曾經擔任啤酒商公關經理多年，晚年移居泰國。積奇其後返回英國發展，現時仍在英冠球會保頓工作。

▲精工在甲組聯賽捧盃無數

班霸精工崛起

　　說起 1970 年代的香港足球，有一支球隊不得不提，就是精工。雖然精工由崛起到退出只得十數年光景，但期間叱吒風雲，贏得大大小小錦標四十個，更創下聯賽七連霸紀錄，難怪退出球壇超過三十年，仍然令本港球迷非常懷念。

　　精工由黃子明創立於 1970 年，並且擔任會長，成立不久便加入丙組聯賽，展開三年計劃爭取升上甲組，作為黃氏家族的寶光集團代理的精工錶的宣傳策略。由黃子明的大兒子黃創保負責球隊事務，在前東華體育會主席韋基舜的介紹下，聘用陳輝洪擔任教練，成功於 1972 年取得甲組資格。[9]

　　成功升上甲組後，精工雄心勃勃，聘用詹培忠擔任領隊，著手籌組一支巨型班。精工只保留任國安、庾國樑、蕭銳根等三數名升班功臣，一口氣簽入胡國雄、何容興、陳鴻平、何新華、霍柏寧等華人球星，又羅致了已在香港踢出名堂的蘇格蘭外援居理與華德，其後再從菲律賓引入西班牙外援曼奴與湯馬士。[10] 其中最關鍵的是從南華挖走中場大腦胡國雄。當時精工開出的條件是三千元月薪另加獎金，胡國雄則要求四萬元年薪。南華高層曾嘗試挽留胡國雄，後來發覺價錢相差太遠，只好無奈放手。[11]

　　如此不惜工本的陣容，令首次升上甲組作賽的精工，立即於1972 至 1973 年度球季，接連贏得士丹利木盾賽、銀牌賽、總督

▶精工教練盧保

盃三項盃賽冠軍。聯賽方面，亦與老牌球會南華殺得難分難解，最終兩隊總積分同樣得四十分，精工憑著較佳得失球力壓南華，搶走聯賽冠軍寶座。若不是在金禧盃決賽，互射十二碼以五比六不敵加山，精工在首個球季便已經盡攬五大錦標了。後來，黃創保退居幕後，交由弟弟黃創山掌管球隊事務。

其實在升上甲組初期，精工與南華在聯賽錦標之爭是處於下風的。頭六個球季，南華贏得四次聯賽冠軍，精工只贏得兩次。不過，南精大戰最經典一役，卻是精工落後四球下，最終以五比四反勝南華。這場經典戰役是 1976 年 11 月 28 日，在政府大球場上演的甲組聯賽。開賽後南華氣勢如虹，尹志強、施建熙各入一球，馮志明梅開二度，上半場三十分鐘已經以四比零遙遙領先。不過，精工球員並未因此而放棄，到了三十四分鐘，金在漢接應角球頂入破蛋，追成一比四。金在漢於三十八分鐘再作出妙

傳，胡國雄在右輔位置勁射擦柱入網，再追近至二比四。此時，南華施建熙因傷退下火線，令左路攻擊力減弱，使精工下半場更放膽搶攻。戰至六十五分鐘，張子慧右路傳中，金在漢伏兵城下頂中柱入網，個人梅開二度，替精工追成三比四，為賽事掀起高潮。短短一分鐘之後，胡國雄在禁區內挑過陳國良，趁門將何容興出迎之際射入，扳成四比四平手。南華被追和後陣腳大亂，兩分鐘之後再次失守，由胡國雄右路傳中，張子慧頭槌攻門，門將何容興接球甩手，居理「執死雞」射入，結果精工以五比四反勝南華。[12]

踏入 1980 年代，精工開始採用外援策略，聘用一些具名氣的國腳級外援，由荷蘭著名教練盧保（George Knobel），引入迪莊、穆倫、韋伯、連尼加賀夫、南寧加等一班荷蘭國腳，[13] 其中南寧加更在 1978 年世界盃決賽對阿根廷頂入一球。此外，還有英格蘭國腳摩利、蘇格蘭國腳麥昆、瑞典國腳雲迪等。[14] 在國腳級外援助陣下，精工在本港球壇可謂所向披靡，由 1979 至 1985 年創下聯賽七連霸的輝煌成績，打破了南華保持的六連霸紀錄。

為了進一步推廣會務，精工還多次主辦外隊表演賽，先後邀請賓菲加、紐約宇宙、小保加、南美明星隊、漢堡來港作賽，讓香港球迷有機會目睹碧根鮑華、尼斯堅斯、馬勒當拿、伊達、祖利亞、蘇古迪斯等世界級球星的精湛球技。[15] 其中 1983 年 12 月 23 日舉行的南美明星隊訪港表演賽，由於未辦妥有關手續，遭國際足協頒發禁令，精工班主黃創山不想令球迷失望，決定免費招待球迷入場，其豪氣成為一時佳話。結果，精工憑著外援邦迪

▲馬勒當拿（左）與
胡國雄合照

▶「精遼」事件成為
香港球壇的一個污點

個人梅開二度，以二比一擊敗南美明星隊。

　　精工亦曾代表香港參加亞洲球會級賽事，然而於 1985 年 5 月 5 日上演的亞洲超級球會盃主場對遼寧的比賽，卻發生嚴重的毆鬥事件。事緣比賽期間，精工門將陳雲岳出迎時，被遼寧球員高升不及收腳踢跌，引發兩隊球員衝突。遼寧門將傅玉斌更衝到前半場，飛腳踢向精工的澳洲外援米曹，令毆鬥進一步升級。執法的南韓球證將傅玉斌與米曹以紅牌趕離場，結果精工憑胡國雄頭槌頂入，以二比一擊敗遼寧。[16] 事後，亞洲足協判罰傅玉斌與米曹各停賽半年，由後備席衝入球場的陳發枝更被重判停賽一年，經上訴減為八個月。[17] 這次集體毆鬥事件，成為精工史上的一個污點。

　　隨著其他球會濫用外援，令球賽質素下降，本港球市陷入不景氣，黃創山遂提出《改革香港足球建議書》，惜不獲足球總會接納。為隊長胡國雄舉辦完告別賽後，共贏得四十項錦標的精工，於 1986 年宣佈退出聯賽，結束了十四年短暫而輝煌的甲組競賽歲月，一代班霸從此成為歷史名詞。

激戰北韓三小時

香港於 1975 年 6 月主辦亞洲盃外圍賽,同組除了首次參賽的中國與北韓外,還有日本、新加坡、汶萊,共六支球隊爭奪兩個決賽週出線席位。[18]

香港隊由有「東方馬菲士」之稱的名宿何應芬擔任教練,隊長是鄭潤如,副隊長是胡國雄與郭家明,其他入選球員,包括門將朱國權、張耀東,後衛黎新祥、曾廷輝、陳世九、葉尚華,中場梁能仁、李國華、賴汝樞、鄭國根、馮志明,前鋒余國傑、鍾楚維、施建熙、劉榮業。

比賽在政府大球場舉行,香港隊於 6 月 14 日展開的編組賽對日本,在兩萬六千多名觀眾面前,兩隊踢成零比零平手,需要互射十二碼。前三輪香港與日本各有一人射失,第四輪由日本名將奧寺康彥主射,被朱國權救出,結果香港以四比三險勝日本。其餘編組賽,中國以一比零力克北韓,新加坡以六比零大勝汶萊。結果,香港、中國、汶萊被編入 A 組,北韓、日本、與新加坡被編入 B 組。[19]

A 組首場比賽,中國以十比一大勝汶萊,香港則於 6 月 19 日出戰汶萊,由於比賽當日下雨,只得一萬一千多名觀眾入場。不擅「水戰」的香港隊一度陷於苦戰,上半場四十二分鐘才由鍾楚維頂入打開紀錄,下半場再由馮志明、郭家明各入一球,香港

◄香港隊教練何應芬

僅以三比零擊敗汶萊。[20]

　　雖然香港與中國都篤定晉身四強,但勝方可以避開1966年世界盃八強分子北韓,故此6月21日上演的「中港之戰」非常重要,政府大球場兩萬八千多個座位全場爆滿。上半場兩隊大部分時間在中場拉鋸,比賽緊張而不精彩,唯一有威脅的埋門是二十七分鐘,由鍾楚維接應陳世九傳球遠射,被中國門將胡之剛救出,半場踢成零比零平手。換邊後香港隊向中國隊發動猛攻,然而無論是鍾楚維遠射、黎新祥勁射,還是郭家明頭槌攻門,全都逃不過表現神勇的胡之剛的十指關。香港隊久攻不下,反而於八十二分鐘被容志行近門把握難得機會射入,於劣勢中以一比零擊敗香港,取得首名出線資格。[21]

　　中國於準決賽以二比一險勝日本,率先晉級亞洲盃決賽週,香港則於6月24日晚上硬撼北韓,政府大球場兩萬八千多個座

位再次座無虛席。上半場三十分鐘，北韓憑明東燦直線交安世煜近門射入先開紀錄，三十八分鐘梁晟國再建一功，半場領先二比零。落後兩球的香港隊，換邊後傾全力反撲，胡國雄於六十四分鐘施展個人技術，連續扣過四名後衛，推至十二碼點附近射地波，皮球於門將右下角入網，為香港隊追成一比二。七十五分鐘，胡國雄開出罰球，由馮志明抽射撞到後衛改變方向入網，追和二比二，需要加時作賽。加時上半場，兩隊均無建樹，到了下半場九分鐘，香港隊作出一次漂亮的反擊，鄭潤如在後場大腳送前，鍾楚維推入禁區橫傳，由無人看管的胡國雄射入，香港以三比二反超前，令全場觀眾情緒興奮至極點。可惜策動反擊的鄭潤如，短短一分鐘後回傳乏力鑄成大錯，被梁晟國截得，推過門將朱國權射入，追和三比三，需要互射十二碼決勝負。

第二輪香港隊馮志明射中柱，幸而朱國權成功撲出馬正祐的主射，經過前五輪，兩隊以四比四平手。進入突然死亡階段，第六輪曾廷輝兩次射中柱，球證均指北韓門將移動腳部在先宣判重射，曾廷輝第三次終於射入。第七輪黎新祥射失，幸好朱國權救出車鍾碩的主射。經過十一輪之後，兩隊打成九比九平手，按例重新由第一輪開始再射，鍾楚維首先射入，之後胡國雄射失，朱國權又再救出朴幀勳的主射，再次挽救香港隊。可惜到了第十四輪，施建熙射失，金正民卻射入，北韓以十一比十，總比數十四比十三淘汰香港，取得決賽週資格。[22]

這場超過三小時的激戰，戰情峰迴路轉，過程充滿戲劇性。《工商日報》標題稱為「本港足球史上最刺激一仗」，張子岱於

本港足球史上最刺激一仗

港隊射十二碼敗陣
北韓獲亞盃決賽權

十四比十三高潮迭起扣人心弦

加時比賽香港後居上
鄭潤如大意成大錯
北韓得機扳成平手

港隊先失兩球胡國雄梅開二度

互射十四次十二碼
港隊四人射失

港隊後防一錯再錯
落後兩球力戰扳平

互射十二碼鈎刺激
三萬球迷如痴如醉

▲《工商日報》以大篇幅報道香港與北
韓的賽事

▶施建熙

《新晚報》專欄亦說：「昨晚的港朝大戰，是我有生以來，在香港所看到的最精采、最緊張、最刺激的比賽。」雖然香港最終飲恨，未能晉身亞洲盃決賽週，但表現卻獲得本港球迷與球圈人士一致讚賞，看台亦首次出現「香港進軍德黑蘭」等打氣橫額，反映出香港隊已開始贏得本港球迷的認同。[23]

事實上，自從 1971 年聯合國的中國代表席位出現變更，台灣在 1974 年被逐出亞洲足協，香港隊便成為了香港球員參與國際賽的唯一選擇，終於走出「中華民國」陰影下的 B 隊形象。[24] 在這次亞洲盃外圍賽，除了在大雨中只能小勝汶萊較令人失望外，香港憑著互射十二碼擊敗日本，對中國在全場佔盡優勢之下以一球落敗，到最後與北韓激戰三小時，最終互射十二碼至第十四輪飲恨，其表現令本港球迷刮目相看。胡國雄在對北韓之戰，連續扣過四名北韓後衛，追成一比二的個人表演式入球，更被譽為香港隊歷來最精彩的入球之一。

揚威新加坡

　　足球總會於 1973 年首次派隊參加世界盃外圍賽，分組賽於南韓首都漢城（現在稱為首爾）舉行，香港隊於編組賽先以一比零小勝馬來西亞，其後於小組賽同樣以一比零擊敗日本和南越，得以晉身四強。四強賽遇上東道主南韓，雖然早段便由袁權韜先開紀錄，但下半場氣力不繼，最終反輸一比三出局，惟表現受到好評。[25]

　　在這樣的背景下，足球總會積極備戰 1977 年舉行的世界盃外圍賽，於 1976 年初聘用荷蘭教練包勤（Frans van Balkom）擔任香港隊教練。他履新後不久，足球總會遴選小組就選出了二十五名集訓隊球員，展開接近一年的備戰工作。[26]

　　根據當年香港代表隊成員鍾楚維憶述，包勤的強項是鼓舞球員士氣，又成功爭取提高獎金，使香港隊球員更有榮譽感，而且他做足備戰工夫。[27] 香港隊於 1976 年 8 月到澳洲進行集訓，期間熱身賽錄得三勝二負的成績，代表作是於坎培拉爆冷以一比零擊敗澳洲，雖然之後以零比二見負，[28] 但之後賽和德甲勁旅哈化柏林與南斯拉夫紅星隊，及後在賀歲波又擊敗以外援球員為主的港聯。香港隊在出發前，上下信心十足，士氣高昂，矢志爭取出線權。不過，這場勝仗港隊亦付出代價，隊長胡國雄被精工隊友麥哥利撞傷膝蓋，以致缺席小組賽大部分比賽。

世界盃外圍賽在新加坡舉行，香港隊首場比賽面對印尼，雖然上半場以零比一落後，但下半場連入四球，以四比一反敗為勝。之後，以二比二賽和東道主新加坡、二比一擊敗泰國及一比一賽和馬來西亞，以兩勝、兩和取得首名資格，與新加坡進行決戰，爭奪小組出線權。[29]

香港對新加坡之戰，於 1977 年 3 月 12 日舉行，正值星期六晚上，無綫電視破天荒於黃金時間以人造衛星直播全場比賽，不少香港市民都安坐家中，屏息靜氣地觀看這場出線爭奪戰。比賽至上半場三十二分鐘，鍾楚維於左路邊線發難，扣過林廷西後地波回傳，劉榮業接應殺入禁區，扣過兩名後衛窄角度射入，為香港隊先開紀錄。老一輩球迷相信都記得，當香港隊入球一剎那，歡呼聲響遍全港。換邊後，新加坡加強攻勢力圖收復失地，卡森於五十六分鐘直射罰球中柱彈出，柯金松面對空門竟然頂斜，錯失一次扳平的黃金機會。因傷退居後備的胡國雄，於六十五分鐘入替梁能仁。香港隊於七十分鐘有機會增添紀錄，鍾楚維從左路殺入禁區，左腳勁射中柱彈出。八十四分鐘，卡森再次射罰球傳入禁區，柯金松衝頂又擦柱出界。雖然香港隊教練包勤被球證趕離場，但最終香港隊保持一比零至完場，贏得小組出線權，揚威新加坡，副隊長郭家明更獲選為最佳球星。[30]

當香港隊於 3 月 15 日返抵香港，在啟德機場受到英雄式歡迎，數百名球迷到機場接機，並且高舉自製的「熱烈歡迎球國英雄奪標回來」的白布紅字橫額。由於場面混亂，足球總會臨時取消記者招待會，改為讓記者自由訪問球員，於是郭家明、鍾楚

▲賽後包勤被球員拋起慶祝

▲曾廷輝（左）力拼科威特球員

維、胡國雄、劉榮業等球星被大批記者包圍，其他小將則閒立一旁。[31] 無綫電視除了派藝員到機場迎接香港隊，當晚《歡樂今宵》節目更舉辦慶祝酒會，款待香港隊球員及其家屬，令香港隊這次揚威新加坡，成為全港矚目盛事。

香港隊取得出線權後，部分球會竟然只擔心香港隊作客賽事，令聯賽暫停會影響球會收入，流浪班主畢特利更曾提出香港隊退出比賽，精工領隊詹培忠與加山班主陳瑤琴則主張採取賽會制，由香港主辦賽事，最終未為亞洲足協接納。

足球總會則為了保證主場賽事坐無虛席，爭取盡快在香港舉行主場賽事，竟然不理教練包勤反對，將首兩場賽事安排於 6 月在政府大球場上演。不但兩場比賽之間相距只得七天，而且 6 月是香港球季季尾，球員們需要爭取休息。更離譜的是，足總盃四強和決賽在 6 月初才舉行，球員根本沒有足夠時間休息，在身心俱疲的情況下，表現自然難以苛求。[32]

亞太區五強賽首場於 6 月 19 日舉行，主場香港隊先以零比二不敵伊朗；第二場於 6 月 26 日主場迎戰南韓，雖然形勢佔優，卻未能把握機會，更於比賽尾段失守，以零比一僅負南韓。賽後還發生了一場小型的球迷騷亂。主場觀眾賽後包圍南韓球迷，其後有二三百名年輕球迷在球場外聚集，沿路拍打汽車，破壞安全島和推翻垃圾桶，藉以宣洩不滿，需要警方驅離現場。雖然兩場比賽都全場滿座，足球總會如願地收個滿堂紅，卻賠上了香港隊出線的機會。主場兩連敗的香港隊，出線機會已經相當渺茫。[33]

結果，香港隊之後作客以零比三大敗給澳洲，主場以一比三不敵科威特，主場以二比五再負澳洲，作客以零比四慘負科威特，作客以零比三輸給伊朗，最後作客以二比五負給南韓，最終八戰全敗，無緣晉身決賽週。

　　當初香港隊雄心勃勃，目標是進軍阿根廷，可惜球會的自私自利，加上足球總會安排賽期失當，斷送了香港隊的出線機會。

南華護級引致球迷騷動

自從南華贏得 1978 年甲組聯賽冠軍後，新管理層解僱冠軍教練郭石，並棄用大批舊將，成績開始走下坡，精工則開始稱霸聯賽。

1981 至 1982 年度球季，南華首次陷入護級危機，事緣季中打破「全華班」政策，聘用黎路臣、韋狄、楊確、李斯達、戴卓爾五名外援。1982 年 3 月 14 日，南華於政府大球場以零比一不敵荃灣，數千名擁南躉不滿球隊一盤散沙的表現，賽後發生小型騷亂，推翻垃圾桶，破壞路牌及交通燈。3 月 21 日，南華以一比三不敵精工，結果又發生小型騷亂。4 月 15 日的「護級大戰」，南華與加山賽和零比零，憑較佳得失球壓倒同分的東昇與加山，暫時排名尾四。賽後擁南躉不滿賽果，打爛南華會大樓玻璃門，沿路縱火燒垃圾桶，附近商場紛紛拉閘，避免殃及池魚。

到了聯賽最後一輪賽事進行前，包尾的保濟已經肯定難逃降班厄運，南華與加山其中一隊，將會陪同保濟降至乙組。南華最後一場聯賽對手是海蜂，加山則出戰東方。當年加山女班主陳瑤琴，斥資向英格蘭甲組聯賽球會修咸頓，借用米奇燦儂、史堤夫威廉士、大衛岩士唐、麥克胡禮等國腳級球員助陣。到了季尾，她突然入主另一支球隊海蜂擔任秘書，安排其中一名修咸頓借將右翼羅蘭士效力海蜂，配合朴炳徹、金剛男、李康敏等幾名

▲ 1982 年 3 月 15 日,《工商日報》報導南華輸波後的球迷騷亂。

▲ 賽後南華球員在警察護送下離開球場

▶南華教練黃興桂

韓援，於 1982 年 6 月 6 日出戰南華。沒想到南華踢出全季代表作，以四比一大勝海蜂，以一分之微力壓加山，成功保住甲組席位。南華署理教練盧紹昌賽後喜極而泣，足球部主任鍾立全則宣佈功成身退。[34]

　　到了 1982 至 1983 年度球季，南華新任足球部主任周殿銘，聘請東方雙料冠軍教練黃興桂執教，原有外援只留用黎路臣、楊確、韋狄，引入沙貝加、范蘇斯、赫文高三名荷蘭外援，配合尹志強、馮志明、蔡育瑜等華人班底，加上由荃灣加盟的兩名新秀陳世芳與陳國樂，期望他們能令南華重振雄風。

　　9 月 19 日，南華在聯賽首場便要硬撼寶路華，上半場表現不俗，二十二分鐘由楊確傳予韋狄先開紀錄，不過領先優勢只維持了十五分鐘，希活在左路底線傳中，基頓頂入為寶路華扳平一比一。南華球員下半場體力下降，完全處於捱打局面，幸好門將黃文財屢救險球，可惜完場前四分鐘，寶路華一次進攻，皮球在

禁區內彈地後彈中沙貝加手部，球證竟然判罰十二碼，南華球員抗議無效，由保維爾主射入網，寶路華憑這個問題十二碼反勝南華。南華外援韋狄完場前蓄意踢跌保維爾，引發雙方球員衝突，球迷亦不滿球證執法不公而擲物入場洩憤，散場後又破壞垃圾箱。[35]

由於首場比賽輸得冤枉，南華之後有如洩了氣的皮球，頭四場聯賽只得一分。南華立即撤換三名外援，羅致史唐、森寶、葛尼士。然而，南華仍然要苦戰至 11 月 4 日「護級大戰」對荃灣，才憑著森寶梅開二度，葛尼士射入一球，以三比二險勝荃灣，這亦是南華第一循環聯賽唯一的勝仗，九戰只得四分排在聯賽榜尾。

於是，南華在 1983 年 2 月重金禮聘效力格拉斯哥流浪的米勒（Alex Miller），擔任助教兼球員，並負責臨場排陣，教練黃興桂有見及此，遂決定辭職。黃興桂執教南華半年，成績是一勝、三和、九負。[36] 米勒接任首仗便於總督盃互射十二碼淘汰流浪，南華表現似乎稍有起色。可惜之後的聯賽以零比一不敵東昇，護級形勢更加危急，南華決定增援救亡，由米勒從蘇格蘭鴨巴甸找來麥哥與基寧充當「雙箭頭」，於 3 月 31 日的「護級大戰」以一比一賽和海蜂，搶得一分，聊勝於無。之後於 4 月 22 日對寶路華，雖然踢出代表作，米勒與麥哥各入一球，但仍然以二比三落敗，搶分功敗垂成。

護級形勢危急，南華再從些路迪借用賀班，首場比賽他就貢獻助攻，造就基寧射入，以一比零小勝流浪，護級前途才露出

曙光。可惜之後於 5 月 10 日又以二比三不敵愉園，到了 5 月 19日對精工的生死存亡之戰，雖然重金禮聘前蘇格蘭國腳莊士敦（Willie Johnston）加盟，但在精工嚴密看管下，他缺乏表現機會，奮戰至下半場二十九分鐘被麥哥利遠射破關，完場前馮志明頭槌攻門，頂中楣角，南華以零比一僅負精工。翌日海蜂以二比一擊敗愉園，宣告護級成功。至此，南華已經肯定難逃降班厄運。[37]

5 月 24 日，南華於政府大球場對排尾二的荃灣。南華必須贏波才不用淪為包尾大幡。雖然荃灣佔得較多攻勢，但南華也有機會先開紀錄，可惜南華不再是一世夠運，馮志明與沙貝加分別射中柱彈出。換邊後四分鐘，荃灣趙林逢得森寶誤傳，直線交陳衍鳴射入領先，加上趙林逢完場前頭槌頂入，最終南華以零比二輸給荃灣，已經肯定敬陪末席。[38]

南華之後再以一比二不敵東方。謝幕戰在雨中只得九百一十五人觀戰，南華憑著麥堅時擺烏龍，彭錦全、基寧各入一球，最終以三比零大勝菱電。可惜這一場遲來的勝利，仍然無法令南華總分突破雙位數字，全季聯賽十八戰三勝、三和、十二負，只得九分，在十支甲組球隊中位列榜尾，自 1918 年升上甲組以來，首次護級失敗。

球季結束後，乙組冠軍警察與季軍港會均放棄升班，只得亞軍先特霸決定來屆升上甲組。排甲組尾二的荃灣又無意申請留級，加上菱電其後宣佈退出聯賽。愉園與東昇於 7 月 14 日致函足球總會，表示由於甲組需要補充隊數，加上考慮到南華的票房叫座力，促請挽留南華，翌日獲甲組座談會一致贊成，足球總會

於 7 月 18 日舉行的執委會會議正式通過，[39] 南華亦決定接受挽留，因此得以避過降級的命運。

近年來，無論是本港傳媒還是球迷經常說，「南華降班，球迷暴動」，其實這是錯誤的說法。球迷騷動事件，其實是發生在南華首次陷入護級危機的 1981 至 1982 年度球季，該屆南華最終在驚濤駭浪之下保住甲組席位。也許警方已經吸取教訓，早已有所防範，到了翌季南華護級失敗，反而未有發生球迷騷動事件。

五一九之役

　　1977 年，香港隊於世界盃外圍賽最後五強賽八戰全敗出局，未能進軍阿根廷後，下一個大型國際賽是亞洲盃外圍賽。香港隊被編入第三組，比賽於 1979 年 5 月在泰國舉行，香港與馬來西亞賽和零比零，互射十二碼有郭家明射失，馬來西亞五射全中，香港隊連續兩屆亞洲盃外圍賽以互射十二碼落敗，飲恨出局。[40]

　　之後，香港主辦 1982 年世界盃外圍賽，於準決賽遇上中國隊，加時仍然賽和零比零，互射十二碼有陳發枝射失，中國隊五射皆入，香港隊再次於互射十二碼敗北。賽後發生了一場小騷亂，主場觀眾在看台上點火，在球場外焚燒垃圾桶，向中國隊乘坐的旅遊巴士擲石塊，並且在中國隊下榻的利園酒店外聚集，企圖阻止中國隊球員下車，幸好未有發生不愉快事件。[41]

　　香港隊其後換上郭家明任教練，採取年輕化政策，可惜在 1984 年亞洲盃決賽週成績強差人意，只得二和、二負，排小組尾二出局。有見及此，足球總會決定重召胡國雄、尹志強、劉榮業、張家平、陳雲岳等老將歸隊，實行以舊帶新出戰 1985 年舉行的世界盃外圍賽。

　　這屆世界盃外圍賽，香港與中國、澳門、汶萊同組，採取主客雙循環制。香港首場比賽，是 1985 年 2 月 17 日於政府大球場迎戰中國。雖然中國隊佔盡優勢，但香港隊密集防守抵抗，苦戰

▲ 1981 年世界盃外圍賽香港對中國開賽前，胡國雄（右）與中國隊遲尚斌握手。

下逼和中國隊，總算取得一個不錯的開局。

　　2月23日，香港主場迎戰同組實力最弱的汶萊。教練郭家明看準汶萊球員身材矮小的弱點，派出身材魁梧的新人麥勁勳充當「箭頭」，配合兩翼的劉榮業、施維山強攻汶萊。結果首次代表香港上陣的麥勁勳，個人頭頂腳踢取得四個入球，劉榮業梅開二度，黎永昌與施維山各建一功，協助香港大勝八比零。[42]香港與中國分別對澳門和汶萊都順利勝出，兩隊成績同樣是四勝一和，可是香港得失球差為十六球，不及中國的正二十二球，所以香港隊必須擊敗中國隊才能出線。[43]

　　足球總會對五一九之役，其實未抱有太大期望，故此本地賽程並無作出遷就，香港隊於5月15日出發往北京前一晚，足球總會還安排了一場足總盃複賽：精工對荃灣。香港隊選出了十七名球員前赴北京，分別是門將陳雲岳、陳樹明，後衛張志德、譚耀華、梁帥榮、賴羅球、李菲臘、余國森，中場陳發枝、顧錦輝、胡國雄、黃國安、黎永昌，前鋒劉榮業、尹志強、張家平、施維山。[44]

　　據副領隊余錦基在五一九之役三十週年時憶述，當時香港隊的賽前部署，是刻意屯重兵於後防，先求保持不失球，到最後二十分鐘才全力進攻，技術型前鋒張家平是香港隊的秘密武器。

　　一如所料，開賽後中國隊主動搶攻，不過攻勢雜亂無章，真正能威脅香港隊後防的攻勢卻欠奉。反而香港隊於二十分鐘，憑著劉榮業在禁區對出被撞跌，博得一個罰球，只見胡國雄將皮球撥橫，張志德勁射，遠柱死角入網，香港隊令人意想不到地先開

紀錄。中國隊失球後發動狂攻，三十一分鐘王惠良罰球傳中，楊朝暉射門，被門將陳雲岳擋出不遠，李暉補射入網扳平，兩隊半場踢成一比一平手。

換邊後雨勢愈來愈大，球場部分地方更出現積水，戰至六十分鐘，梁帥榮在右路突然一記遠射，卻因乏力而落在禁區，劉榮業入楔，被後衛鬥出不遠，顧錦輝衝前抽射掛網，香港隊以二比一再次領先。比賽末段，香港隊先後換入譚耀華、李菲臘加強防守，成功保持紀錄至完場，作客爆冷以二比一擊敗中國隊。[45]

主場觀眾不滿中國隊落敗，向球場投擲玻璃瓶，張家平被玻璃碎片割傷，香港隊球員及職員被逼退回中圈，呆等了半小時，待公安控制場面後，才能夠離開球場。[46] 香港隊返抵下榻的燕京飯店時，已有一班專程到北京為香港隊打氣的本港球迷等候，他們便邀請球迷一起吃宵夜慶祝勝利。

當晚北京發生自 1949 年以來第一次的球迷騷亂，他們在球場外擲磚頭及玻璃瓶，毀壞外國人士車輛，又推翻一架的士，更追打外國人及記者，事件中有十名外國人受傷，共有一百二十七名滋事球迷被捕。北京兩名副市長張百發、陳昊蘇，親自向香港隊道歉。[47]

香港隊凱旋歸來，於 5 月 20 日返抵啟德機場，有過千名球迷到機場接機，當中不少球迷帶同「香港隊勁揪」、「亞洲之冠香港隊」等自製橫額，教練郭家明與各球員步出機場時，均受到英雄式歡迎。[48]

可惜香港隊出線後，下一圈比賽遇上日本，首回合於 8 月

▲顧錦輝在五一九之役射入奠定勝局的一球

▲香港隊在啟德機場受到球迷英雄式歡迎

11 日作客神戶，開賽十分鐘便有原博實越位在先情況下，賴羅球情急犯規被罰十二碼，由木村和司主射，門將廖俊輝拍到仍然入網，短短一分鐘後，原博實射成二比零，五十三分鐘日本一次反擊，水沼貴史扣過廖俊輝射入空門，香港隊以零比三大敗而回。次回合於 9 月 22 日主場迎戰日本，在全場觀眾打氣下，香港隊在上半場佔盡優勢，開賽一分鐘便有麥勁勳頭槌攻門被門將擋出，可惜久攻不下，反而被木村和司於完半場前射入失守。換邊後，胡國雄於七十分鐘兩次主射十二碼均被撲出，雖然尹志強於八十分鐘頂入扳平，但完場前被原博實頭槌破門，以一比二再敗一仗，總比數一比五淘汰出局，未能夠再晉一級，無緣進軍墨西哥。

註釋

1. 莫逸風、黃海榮：《香港足球誌》（香港：上書局，2008 年），頁 60-63。

2. 賴文輝：《香港十大名將》（香港：青森文化，2013 年），頁 65。

3. 《工商日報》，1970 年 9 月 11 日報導。

4. 《工商日報》，1970 年 9 月 14 日報導。

5. 《工商日報》，1970 年 9 月 20 日報導。

6. 高立：《跟著足球看香港》（香港：次文化堂，2016 年），頁 71-72。

7. 《蘋果日報》，2014 年 4 月 30 日報導。

8. 同上，2012 年 12 月 27 日報導。

9. 莫逸風、黃海榮：《香港足球誌》，頁 95、104。

10. 同上。

11. 賴文輝：《香港十大名將》，頁 64。

12. 《工商日報》，1976 年 11 月 29 日報導。

13. 莫逸風、黃海榮：《香港足球誌》，頁 99。

14. 賴文輝：《香港十大名將》，頁 65。

15. 高立：《跟著足球看香港》，頁 71-72。

16. 《華僑日報》，1985 年 5 月 6 日報導。

17. 賴文輝：《香港十大名將》，頁 74。

18. 李峻嶸：《足球王國：戰後初期的香港足球》（香港：三聯書店〔香港〕有限公司，2015 年），頁 166。

19. 同上。《工商日報》，1975 年 6 月 15 日報導。

20. 《工商日報》，1975 年 6 月 20 日報導。

21. 同上，1975 年 6 月 22 日報導。

22. 同上，1975 年 6 月 25 日報導。

23. 李峻嶸：《足球王國：戰後初期的香港足球》，頁 167-168。

24. 同上，頁 104-105。

25.《工商日報》，1973 年 5 月 26 日報導。

26. 同上，頁 170。

27. 李峻嶸：《足球王國：戰後初期的香港足球》，頁 58-59。

28.《工商日報》，1976 年 8 月 4 日至 8 月 20 日報導

29. 李峻嶸：《足球王國：戰後初期的香港足球》，頁 170-171。

30.《工商日報》，1977 年 3 月 13 日報導。

31. 同上，1977 年 3 月 16 日報導。

32. 李峻嶸：《足球王國：戰後初期的香港足球》，頁 172。

33. 同上。

34.《工商日報》，1982 年 6 月 7 日報導。

35. 同上，1982 年 9 月 20 日報導。

36. 莫逸風、黃海榮：《香港足球誌》，頁 115。

37.《工商日報》，1983 年 5 月 20 日報導。

38. 同上，1983 年 5 月 25 日報導。

39. 同上，1983 年 7 月 19 日報導。

40. 李峻嶸：《足球王國：戰後初期的香港足球》，頁 173。

41. 同上，頁 173-174。

42.《星島日報》，1985 年 2 月 24 日報導。

43. 李峻嶸：《足球王國：戰後初期的香港足球》，頁 174。

44.《星島日報》，1985 年 5 月 15 日報導。

45. 同上，1985 年 5 月 20 日報導。

46. 賴文輝：《香港十大名將》，頁 74。

47.《星島日報》，1985 年 5 月 20 日及 5 月 21 日報導。

48. 同上，1985 年 5 月 21 日報導。李峻嶸：《足球王國：戰後初期的香港足球》，頁
177-178。

6

中衰時期

全華班三年災難

香港甲組聯賽自從流浪於 1970 年率先引入「耶穌」居理、「大水牛」華德與「長頸鹿」積奇三名蘇格蘭外援，開創了香港球會聘用歐洲外援的先河。當年本港球迷除了外隊表演賽外，甚少機會接觸外國足球，因此外援很有吸引力，對球市帶來很大的衝擊，其他球隊便爭相仿效，掀起了本地球會引進外援球員來港踢職業球賽的風潮。[1]

在外援的帶動下，本地球市在 1970 年代初相當興旺，在 1973 至 1974 年度球季，創下平均每場賽事入場觀眾接近六千三百多人的最高紀錄。可是自始之後，球市便開始萎縮，外援球員充斥，導致華人球員青黃不接。[2]

就連一直堅持全華班的南華，在 1981 至 1982 年度球季，由於開季後成績低迷，陷入護級危機，於 1981 年 11 月 2 日的執委會上，通過撥款一百萬元，首次聘請五名在西德聯賽效力的外援來港協助護級。[3]

不過，瘋狂引援的結果，導致不少球會入不敷支，他們便改為聘用一些價平質差的外援球員，甚至乎乾脆棄用外援，以全華班姿態上陣。於是，有些球會便主張全面削減外援，以減低班費赤字。

時任足球總會主席的何世柱聲言，削援事在必行。足球總會

▶ 曾任足球總會主席的何世柱

於 1984 年 6 月 7 日召開緊急執委會，正式通過下個球季外援數目減為「註三出三」，到了 1986 至 1987 年度球季，更會全面棄用外援。翌日，寶路華班主黃創保宣佈退出，抗議足球總會大幅度削減外援，影響球賽質素。[4] 原本精工亦有意退出，在何世柱遊說下，雖然暫時繼續參賽，但到了 1986 年夏天亦宣佈退出，對原本已呈萎縮的球市，造成重大打擊。

1986 至 1987 年度球季，足球總會按照原訂計劃全面棄用外援，甲組實施全華班政策。首當其衝的，是一些原本打算在香港落地生根的外援球員，包括愉園的韋夫，海蜂的波倫泰、美奧等。其中韋夫只差兩年便居港滿七年，愉園曾經打算安排韋夫到降至乙組的東昇效力兩個球季，待他滿七年成為本地球員再回歸愉園，但最後計劃告吹，韋夫只好黯然告別香港返回英國，成為全華班政策下其中一個犧牲品。[5]

由於俠士與精工先後退出，流浪、東昇降至乙組，令甲組聯

賽球隊數目於戰後首次減少至八支，加上升班的港會與警察又是業餘球隊，實際上只得六支職業球隊供球員落班。儘管如此，球隊組軍仍面對具備質素的華人球員不足的問題，一方面要倚重老將，甚至邀請一些已經離開甲組的老將復出，另一方面從預備組提升年輕球員，填補外援球員的空缺。

實施全華班後，球賽質素明顯下降，尤其是華人前鋒的入球能力，普遍難以跟外援球員比擬，加上港會與警察兩支業餘球隊同時在甲組作賽，導致本地球市一落千丈，入場觀眾出現崩盤式急挫，整個球季竟然沒有一場球賽全場滿座。全季聯賽總入場人數，由前一季的二十五萬七千多人，暴跌至只得六萬七千多人；平均入場人數亦由每場二千九百五十四人，大跌至只得一千二百零二人，跌幅約為六成，門票總收入更足足少了一千萬元之多。[6]

由於全華班對本地球市造成災難性的影響，足球總會主席許晉奎，決定成立球市挽救小組，並且向球迷發出問卷，試圖找出球市衰落的原因。結果一如所料，百分之九十的球迷都認為，只有恢復聘請外援，本地球市才會有復甦的希望。[7]

不過，足球總會並沒有採納球迷的意見，立即恢復外援球員，反而在賽制上作出改革，包括將聯賽由原來的兩分制，改為三分制加賽和射十二碼，即贏波有三分，賽和的話立即進行互射十二碼，十二碼勝方有兩分，負方亦有一分。此外，聯賽亦由一向以來的兩循環，改為三循環比賽，藉此增加比賽場數。這次賽制改革，初時雖然帶來一些新鮮感，但對刺激球市收效甚微，賽和互射十二碼制度，更被批評等於變相鼓勵弱隊死守求和博射

▲ 效力麗新的外援史賓沙（中）

十二碼勝出，令比賽氣氛更加沉悶。

　　經過全華班三年災難之後，足球總會終於在 1989 至 1990 年度球季，決定恢復容許外援球員註冊，第一個球季的外援限額是「註二出二」。重新開放的第一批外援，儘管沒有 1980 年代國腳如雲的星味，然而也不乏實而不華的戰將，例如南華的譚拔士、愉園的加里、花花的米頓、麗新的史賓沙等。

　　這三年全華班實驗，雖然令一些華人年輕球員，有機會提早在甲組亮相，孕育出山度士、林慶麟、李健和等一班華人新星，但本地球市已經是元氣大傷，造成的傷害實在是影響深遠，是香港足球史上一次慘痛的教訓。自此之後，香港足球運動急劇萎縮，以後再也無法回到昔日的全盛時期了。[8]

商業大軍湧現

　　雖然寶路華與精工這兩支商業班霸，先後於 1984 年及 1986 年退出聯賽，但之後香港球壇有更多的商業大軍湧現，在 1990 年代更加達到高峰期，麗新、依波路、快譯通、好易通等商業球隊，有如雨後春筍般相繼出現。不過，它們不再像精工、寶路華由丙組踢起，而是透過贊助或收購球隊，改名直接參加甲組聯賽。

　　由於全華班導致球市一落千丈，逼使足球總會放寬對商業機構贊助甲組球隊的限制。執委會於 1987 年夏天通過，准許甲組球隊可獲商業機構贊助或收購，冠名或改名參加甲組賽事。麗新集團於 1988 年率先贊助花花，冠名贊助以麗新花花名義參賽。據梁守志透露，原本與花花談好改名，後來他們又不肯，只可以冠名參賽。麗新集團便與乙組的保濟合作，組軍爭取升班，翌季順利升上甲組，於 1989 至 1990 年度球季改名麗新參賽。[9] 於是，麗新便成為香港足球史上，第一支藉改名參加甲組聯賽的商業球隊。

　　緊隨其後的是瑞士手錶品牌依波路，他們於 1990 年收購海蜂會籍，改名依波路參賽。到了 1991 年，權智國際亦與花花持牌人袁新達成協議，借用花花會籍，以借殼形式改名快譯通參賽，宣傳旗下的電子字典品牌。[10]

◀效力依波路的英格蘭門將索格寧

雖然麗新成績未如預期，在多項賽事都只能屈居亞軍，短短兩年後便決定退出，改為贊助東方，部分仍然有合約在身的球員亦過檔東方，結果造就東方皇朝的出現。麗新將會籍交還保濟，保濟又獲得米芝路手錶贊助，再改名米芝路繼續參賽。

為鼓勵更多商業機構贊助球隊參加甲組比賽，足球總會於 1991 年通過新例，商業機構只需要付出一百萬元報名費，就可以直接組隊參加甲組聯賽，此條例在 1992 至 1993 年度開始實施。[11]

依波路不惜工本組軍，以破紀錄的十四萬元轉會費收購愉園中堅譚亞福，又引入英格蘭門將索格寧、澳洲國腳中場基力科士打等外援，又長期以元朗為訓練基地，有別於一般香港甲組球隊打遊擊式的操練。依波路於 1991 至 1992 年度球季，先於總督盃決賽，以二比一力克南華，再於足總盃決賽以一比零擊敗快譯

通，成為雙料冠軍。可惜在隨後的球季成績下滑，只取得足總盃亞軍，班主林偉華認為球隊無法肩負產品宣傳重任，在甲組只角逐了三個球季，便於1993年夏天宣佈退出，海蜂會籍再借給聲控通改名參賽。[12]

另一支由手錶商贊助的球隊米芝路，成績則遜色許多，第一個球季只能僅僅護級成功，第二個球季雖然成績大有改善，獲得聯賽第四名，但季尾卻發生拖欠球員薪酬事件，最終被逼退出，連累借出會籍的保濟被判罰凍結會籍一年。

一年之後，保濟再將會籍借給台灣商人錢平國旗下的電子字典品牌好易通，改名參加1994至1995年度球季甲組聯賽。好易通羅致了巴古沙與李布倫，組成了「七‧十一」前鋒組合，還有前曼聯老將德士貝利坐鎮後防。好易通加入甲組後連續三個球季都獲得聯賽季軍，於1995至1996年度球季，更殺入高級組銀牌及足總盃決賽，可惜都不敵南華，只能屈居亞軍。

好易通最令球迷印象深刻的，就是1996年5月26日對英格蘭國家隊的表演賽。當年英格蘭正在備戰歐洲國家盃決賽週，對好易通的上半場排出強陣應戰，施文、阿當斯、菲臘尼維爾、柏列、恩斯、麥馬拿文、舒利亞、舒寧咸等偶像級球星均以正選上陣。在好易通刻意死守之下，英格蘭只能憑費迪南門前頭槌建功，以一比零小勝有東方門將希福特與愛華頓後衛屈臣助陣的好易通。[13]

在1990年代眾多商業球隊之中，參賽時間最長、取得最好成績的，肯定非快譯通莫屬。快譯通於1991年開始參賽，初期

▲ 1996 年 5 月 26 日的表演賽，英格蘭國家隊只能小勝好易通。

成績平平無奇，其後漸入佳境，1993 至 1994 年度球季獲得聯賽亞軍。1996 年 5 月 30 日上演的快譯通對南華的聯賽總冠軍戰，吸引了超過三萬一千名觀眾入場，創下本地賽事最高的入場人數紀錄，至今仍未被打破。結果，快譯通以一比零小勝南華，首次登上聯賽冠軍寶座。其後於 1997 至 1998 年度球季，再次奪得甲組聯賽冠軍。

盃賽方面，快譯通則贏過一次總督盃以及兩次足總盃冠軍，高級組銀牌賽則試過四次殺入決賽都落敗，始終與銀牌冠軍無緣，1996 至 1997 年度球季快譯通對南華的銀牌決賽，共有接近三萬名觀眾入場，是銀牌決賽歷來最高的入場人數紀錄。此外，快譯通對好易通的電子字典大戰，亦成為球迷與傳媒談論的話題。

快譯通聘用的外援，不少都是實力戰將，例如李安納、奧沙、卡根洛夫、愛華士、科士打，亦曾邀請前英格蘭國腳韋伯客串；本地球星則有陳發枝、巴貝利、林慶麟、張志德、譚兆偉等，其中於 1997 年夏天，以一百萬元年薪羅致鄭兆聰，創下本地球員最高薪紀錄，至今猶為不少球迷津津樂道。

商業大軍的出現，曾經為香港球壇帶來刺激作用，令球市經歷全華班三年災難後，在 1990 年代出現過一陣小陽春。可惜 1997 年底發生亞洲金融風暴，香港陷入經濟不景氣，影響所及，球市急速萎縮，好易通於 1999 年宣佈退出，其產品競爭對手快譯通，亦於 2001 年宣佈退出，為 1990 年代出現的商業大軍熱潮劃上句號。

▲快譯通以一百萬元年薪羅致鄭兆聰（穿白色球衣）加盟，創下本地球員最高薪紀錄。

打假波醜聞與球市冰河時期

　　1990 年代商業大軍的相繼出現，曾為經歷全華班三年災難的本地球市，帶來過一陣小陽春。可是，隨著亞洲金融風暴爆發，香港經濟不景氣，市民消費能力明顯減弱，球市急速萎縮。然而真正的致命打擊，則是 1998 年夏天揭發的打假波醜聞，導致本地球市進入冰河時期。

　　早在 1950 至 1960 年代，本地球壇每逢到季尾，都會出現「人造衛星」賽果的說法，是暗示有球隊故意讓賽，以協助友會護級。不過，這些都只是傳聞而已，無從證實真偽。後來在 1986 至 1987 年度球季，花花與港會護級戰爭持激烈，1987 年 6 月 18 日在政府大球場上演的甲組聯賽煞科戰，已穩奪冠軍的南華收起部分主力，並派出羅家貴、陳家駒等預備組球員上陣，整場比賽大部分時間處於劣勢，到了七十二分鐘終於被鄭偉基門前射入，南華爆冷以零比一不敵花花。勝出的花花與港會總分同樣是十一分，結果花花僅憑較佳得失球壓倒港會，護級成功。[14] 降班的港會對賽果非常不滿，其後向廉政公署作出投訴，南華全隊球員被廉政公署傳召問話，最後因為證據不足，案件不了了之。

　　到了 1990 年代中期，外圍賭波集團已經明目張膽地在本地賽事開盤，有時候甚至有人會在看台上大喊讓多少球。當年有部分球賽，亦曾經傳出打假波疑雲。最明顯的例子，是 1996 年

4 月 5 日在旺角球場上演的星島對發景的甲組聯賽，發景必須勝出，才護級成功。開賽兩分鐘，星島門將鄭詠強接球甩手，羅文勝窄角度射入先開紀錄。之後還有多次機會拉開比數，可惜前鋒無法把握，反而於完場前兩分鐘，被星島一次快速反擊，黑人中堅萊迪在門前撞入逼和一比一，令發景護級失敗。[15] 更令人注目的是，陳子江在星島隊友慶祝入球之際，竟然臉色凝重地獨自步回中場。後來《球迷世界》節目播映球賽精華時，旁述都忍不住說了一句：「咦！為何陳子江臉色這麼難看呢？」當時已引起球迷議論紛紛。

到了 1998 年 6 月，陳子江被廉政公署拘捕，並且落案起訴他在 1997 年 3 月 9 日在香港隊作客曼谷對泰國的世界盃外圍賽，收受八萬元賄款，以不誠實手法導致香港隊以零比二落敗。陳子江承認控罪，結果被判入獄一年。廉署進一步調查發現，陳子江涉嫌伙同其他四名香港隊球員，包括陳志強、李偉文、韋君龍、陸嘉榮，在作客對泰國的賽事中收取賭波集團二十萬元賄款打假波。另外，陳子江與星島隊友李偉文、劉志遠，亦涉嫌串同在 1995 至 1996 年度球季，其中七場甲組聯賽打假波，以收取四萬至二十八萬元酬勞。[16]

在 1997 年舉行的世界盃外圍賽，香港與南韓、泰國同組，雖然同組對手相當強勁，但香港隊當年實力仍然有力一拼。首場比賽於 1997 年 2 月 22 日，在香港大球場主場迎戰南韓，香港隊便踢出水準之作，與南韓互有攻守，上半場更稍佔上風，下半場後防出錯才以零比二落敗，惟演出獲得傳媒及球迷一致讚賞。

▲打假波案主角陳子江（中）

▲ 1997 年世界盃外圍賽，香港主場擊敗泰國。

到了第二場作客對泰國，由於出線機會已打折扣，加上當時香港報章受到減價戰影響，不少報章都被逼削減開支，使得這場比賽只得筆者在內的四名香港記者隨軍。比賽在攝氏三十四度高溫下進行，筆者在烈日暴曬下拍攝都覺得有點吃不消，何況是在球場上比賽的球員？當時只以為香港隊球員在酷熱天氣下，無法踢出水準，才以零比二不敵泰國，實在沒想到竟然是有香港隊球員打假波，故意製造輸零比二的賽果。半個月之後，香港隊於 3 月 30 日回到主場迎戰泰國，在英格蘭射手譚拔士首次披甲下，憑著李健和、鄭兆聰、歐偉倫各入一球，以三比二擊敗泰國，勝回一仗。

裁判官最終裁定陳志強、韋君龍、陸嘉榮三人罪名成立，各被判入獄二十二個月及罰款三萬元。另一名星島球員劉志遠，其後亦被判入獄十五個月。陳子江、陳志強、韋君龍、陸嘉榮、劉志遠五名球員，同時亦被足球總會判處全球性終身停賽，亦不得從事跟足球相關的事務。[17]

至於另一名涉案球員李偉文，則由於陳子江出獄後前往英國，拒絕返回香港作供，結果李偉文因為證據不足，最終獲撤銷起訴，成為此宗打假波案中，唯一未有判處入獄的涉案球員。

這次打假波醜聞，對香港足球的聲譽，以及本來已經疲弱不堪的球市，造成了無法彌補的傷害，甚至當時有評論指「香港足球已死」。[18] 當中有四名球員涉案的老牌球會星島，亦於 1999 年 5 月 27 日宣佈退出聯賽及解散。加上香港隊在 1998 年曼谷亞運足球賽，派出二十三歲以下奧運隊球員為主力，配合幾位超齡球

員參賽，結果先後慘敗在泰國與阿曼腳下，進一步削弱球迷對本
地賽事的入場意欲。

　　在連串不利消息打擊下，每場比賽的平均入場觀眾跌破一千
大關，比起 1980 年代三年全華班時代更加慘淡。影響所及，本
港球會虧蝕更加嚴重，快譯通與二合兩支球隊，雙雙於 2001 年
夏天宣佈退出聯賽，令情況雪上加霜，甲組聯賽再次只得七隊參
賽。本地球市正式進入冰河時期，經常只得數百甚至數十名觀眾
入場，出現兩隊人員，比入場觀眾還要多的冷清場面。

註釋

1. 莫逸風、黃海榮：《香港足球誌》（香港：上書局，2008 年），頁 63、213。

2. 同上，頁 216。

3. 同上，頁 219。

4. 《華僑日報》，1984 年 6 月 8 日及 6 月 9 日報導。

5. 《大公報》，1986 年 7 月 19 日報導。

6. 莫逸風、黃海榮：《香港足球誌》，頁 224。

7. 《星島體育》，1987 年 5 月 2 日報導。

8. 高立：《跟著足球看香港》（香港：次文化堂，2016 年），頁 175。

9. 賴文輝：《香港十大名將》（香港：青森文化，2013 年），頁 103。

10. 莫逸風、黃海榮：《香港足球誌》，頁 226。

11. 同上，頁 226。

12. 同上，頁 227。

13. 《星島日報》，1996 年 5 月 27 日報導。

14. 《華僑日報》，1987 年 6 月 19 日報導。

15. 《成報》，1996 年 4 月 6 日報導。

16. 莫逸風、黃海榮：《香港足球誌》，頁 230。

17. 《星島日報》，1999 年 3 月 25 日報導。

18. 莫逸風、黃海榮：《香港足球誌》，頁 230。

7

改革時期

丙組（地區）聯賽與和富大埔

2000 年代初，本地球市進入冰河時期，逼使足球總會嘗試作出改革，其中一項就是將足球地區化。雖然元朗與荃灣早就曾經升上甲組作賽，其中元朗更曾經贏過一次甲組聯賽、一次高級組銀牌賽，以及一次足總盃冠軍。然而，無論是元朗還是荃灣，都甚少以元朗大球場或荃灣楊屋道運動場作為主場比賽。因此，嚴格而言，只是地區人士組織打著地區名義參賽的球隊而已。[1]

足球總會在 2000 年初推行地區化的第一步，就是從 2000 至 2001 年度球季開始，實施甲組聯賽主客制的新政策，將分佈不同地區的球場，分配予各支甲組球隊使用，作為操練和比賽的主場。可惜在場地安排上經常出現混亂，有時竟然同一日安排三四場賽事舉行，令入場觀眾分散；有些球場位置又較為偏遠，因而觀眾人數欠理想。有見及此，這個聯賽主客制只實施了一段短時間，足球總會便回復集中使用旺角球場和香港大球場的舊有做法。[2]

不過，足球總會並未因為甲組聯賽主客制試驗失敗，便放棄足球地區化的方向。根據足球總會於 2002 年委託一間荷蘭顧問公司進行的研究，香港需要在社區層面上，發展出更多的足球隊和足球會，藉此增加市民對足球運動的興趣，以及能夠建立一個能夠培育球員的廣闊基礎。足球總會遂以「地區化、年輕化」為

▲ 1979 年，元朗爆冷擊敗精工捧走足總盃獎座。

方針，吸納地區球隊參賽，促使球員年輕化，藉以提升香港足球水準。[3]

2002 至 2003 年度球季，足球總會在康文署協助下，邀請了十八區區議會組隊，參加新成立的丙組（地區）聯賽。根據足球總會聯賽章則規定，所有地區球隊必須獲得相關的十八區區議會確認，及直接或間接由區議會管理，並且其名稱必須包括所屬地區。首屆丙組（地區）聯賽，共有十一個區議會派隊參賽，包括灣仔、東區、南區、九龍城、黃大仙、深水埗、葵青、西貢、大埔、沙田、荃灣。賽事於 2002 年 11 月 16 日在旺角球場揭幕，由民政事務局局長何志平與足球總會主席康寶駒主持開球禮。除上述十一個區議會的區隊，還有香港學界足球隊，以及新成立的香港 08，合共十三支球隊參加。[4]到了翌屆賽事，全港十八個區議會都已經有派隊參賽。由於球隊所有事務均由區議會處理，使球隊的組織更有系統。

其中大埔於 2005 至 2006 年度球季獲得乙組聯賽亞軍，取得升上甲組的資格，成為歷來首支升上甲組角逐的丙組（地區）聯賽球隊。[5]作為丙組（地區）聯賽創始球會，大埔於首屆賽事已經獲得亞軍，最後於附加賽不敵聖約瑟，錯失升班資格。翌季，大埔加入了來自沙頭角的李威廉、李康廉兄弟，成績更上一層樓，獲得丙組總冠軍，得以升上乙組聯賽角逐。2004 至 2005 年度球季，首次在乙組作賽的大埔，只僅僅護級成功。到了第二季成績突飛猛進，2006 年 4 月，大埔憑著李威廉的入球，以一比零小勝福建，取得乙組聯賽亞軍，與冠軍港會一同升上甲組。[6]

▲ 大埔由丙組（地區）聯賽晉升至甲組聯賽

大埔取得升上甲組資格後，面對組班經費問題，幸而獲得和富社會企業贊助，冠名為和富大埔參加甲組聯賽。除了保留部分升班功臣，還羅致了李瀚灝、趙俊傑、蘇來強、梁金輝等甲組後備，以及加納外援前鋒安基斯。季初大埔球員未能適應甲組比賽節奏，開季頭三場比賽全敗，排名榜尾，直到第四場聯賽於大埔運動場主場迎戰南華，在全場爆滿的二千五百名球迷打氣下，僅以二比三落敗。大埔這場比賽的表現，獲得球迷讚賞，同時球員打起信心，逐漸展現神奇球隊本色，之後接連擊敗香港 08、愉園、傑志、聯華紅牛。[7]

2007 至 2008 年度球季，即和富大埔升上甲組第二個球季，更獲得聯賽季軍，成為該隊至今聯賽最佳成績。2009 至 2010 年度球季又贏得足總盃冠軍，取得球隊在甲組的首項錦標，其後於 2012 至 2013 年度球季，雖然贏得高級組銀牌賽冠軍，但於聯賽護級的煞科戰補時階段，被橫濱 FC 攻破大門，戲劇性地降至乙組。之後，經歷升班及降班後，於 2016 至 2017 年度球季重返超級聯賽角逐。

繼和富大埔之後，丙組（地區）聯賽球隊中，先後有沙田、屯門、深水埗、南區、元朗升上甲組角逐，不過成績相當參差，沙田、深水埗都淪為升降機，只在甲組踢了一季便降回乙組；屯門曾經於 2012 至 2013 年度球季甲組聯賽獲得季軍，可惜於 2013 至 2014 年度球季，由於國援球員李明懷疑打假波，故意頂入自己龍門，連累屯門與同樣涉及打假波醜聞的愉園，中途被取消參賽資格，並無法參加首屆超級聯賽。超級聯賽成立後，再有黃大

仙首次升上超級聯賽，惟亦只角逐了兩個球季，便宣告護級失敗降班，到了 2016 至 2017 年度球季，獲得甲組聯賽亞軍，可惜放棄升班。

目前在超級聯賽角逐的地區球隊，除了和富大埔之外，還有南區與元朗。南區自從升上甲組之後，便連續兩屆獲得聯賽殿軍，後來雖然放棄參加首屆超級聯賽，在改制後的甲組聯賽獲得季軍，由於前兩名都放棄升班，南區遂以遞補資格升上超級聯賽，並且殺入高級組銀牌決賽，最終不敵東方，屈居亞軍，2016 至 2017 年度球季更獲得超級聯賽季軍，創下球隊歷來在頂級聯賽最佳成績。至於元朗於 2013 至 2014 年度球季重返甲組之後，聯賽成績平平，惟於 2015 至 2016 年度球季殺入足總盃決賽，與香港飛馬激戰一百二十分鐘踢成一比一平手，最後互射十二碼落敗，屈居亞軍，未能一搔三十七年之癢。到了 2017 至 2018 年度球季，元朗於高級組銀牌決賽大勝東方，相隔半世紀後再次奪冠。

南華中興之路

2000 年初，本地球市步入冰河時期，受到門票收入大幅減少影響，連老牌班霸南華都不能倖免，錄得嚴重虧蝕，出現逾一千六百萬元赤字。南華遂於 2003 至 2004 年度球季大幅削減班費，不但放走李健和等球星，更放棄聘用外援，改為起用國援，令球隊成績大幅滑落。[8]

回復全華班的南華，自 1980 年代初之後，再次陷入護級危機，連續兩季都只能夠以尾四完成聯賽。到了 2005 至 2006 年度球季，南華成績更加不濟，最後一場聯賽，於 2006 年 4 月 23 日對公民，在非勝不可的情況下，開賽十七分鐘便被梁振邦射破大門，歐偉倫於五十六分鐘射入十二碼扳平，最終只能夠賽和一比一，全季十四戰三勝、四和、七負得十三分，以兩分落後排尾三的公民。南華繼 1983 年之後再次護級失敗，不同的是上次全場爆滿，這次卻只得三千兩百多人觀戰。[9]

對於這次護級失敗，當時擔任南華領隊的梁守志，歸究於聘用國援。他指出，國援球員月薪數千元，本應是價廉物美，只可惜心態不好，最令人失望是前中國國腳張恩華，為了不欲背負球隊降班污名，竟然故意領紅牌，令自己在最後一場比賽停賽，職業道德令人搖頭歎息。[10]

然而否極泰來，南華再次獲得足球總會批准留級之後，會長

▲羅傑承執掌南華期間，大量引入優秀外援，扭轉了引入國援而致表現不濟的局面。

許晉奎邀請得前足球部主任羅傑承重出江湖。羅傑承接掌球隊後立即進行大革新，聘用葡萄牙教練阿曼龍，並且重新引入外援。雖然季初成績未如理想，阿曼龍遭到撤換，但他當機立斷，換血成功，令南華回復強隊本色。結果在 2006 至 2007 年度球季奪得聯賽、銀牌及足總盃，成為三料冠軍。其中於 2007 年 4 月 15 日對傑志的聯賽榜首大戰，吸引了八千四百多名觀眾入場，是旺角球場自 1996 年 11 月之後首次全場爆滿。[11] 事實上，南華先後羅致 T‧史高斯、迪天奴、麥士維、卡卡、伊達、卡尼祖等具質素巴西外援，因而連贏四屆甲組聯賽冠軍，難怪有傳媒人將羅傑承重掌南華這段時期，稱為「傑承中興」。[12]

南華不但在本地賽事重拾佳績，2009 年 8 月在高雄舉行的東亞足球錦標賽外圍賽，香港隊以全南華球員陣容參賽。雖然全南班引起了一番爭議，但球隊表現出色，先以四比零輕取中華台北，再以零比零逼和北韓，最後一場以十二比零大勝關島。結果，憑較佳得失球壓倒北韓，是香港隊繼 2003 年之後，再次晉身決賽週。[13]

在 2009 年亞洲足協盃，南華更成功殺入四強。首回合作客對科威特 SC，在全場處於劣勢下，完場前追回一球，以一比二僅負，並取得了一個重要的作客入球。加上南華對外公佈作客科威特遭到不公平對待，營造出香港球迷同仇敵愾的氣氛，令 2009 年 10 月 21 日在香港大球場上演的次回合，吸引了超過三萬七千多名觀眾入場，使香港大球場在重建後，非表演賽首次全場滿座，並創下亞洲足協盃最高入場人數紀錄。可惜李海強的入球被

枉判越位，更於尾段被科威特 SC 一次反擊射入，以零比一落敗，總比數一比三被淘汰出局，無緣晉身決賽，委實相當不值。[14]

此外，羅傑承於 2010 至 2011 年度球季，更大手筆簽入前英格蘭國腳中場畢特與前塞爾維亞國腳射手基士文，是事隔多年之後，香港球壇再次有世界級球星加盟，引起了一陣哄動，就連外國主要傳媒，以及亞洲足協與國際足協官方網頁，都有專文報導有關轉會消息。雖然他們二人都已經過了球員生涯的高峰期，在香港的表現未如預期般出色，南華亦爭取聯賽五連冠失敗，但卻成功收到宣傳效果。[15]

除了帶領南華重振雄風之外，羅傑承對香港足球還有一項重要貢獻，就是引入專業的市場推廣，打破香港球隊傳統的營運方式。他以自己旗下的公關公司團隊，負責南華的市場推廣工作，為球員塑造專業形象，製作球隊紀念品，洽商供應球隊物品的贊助商，又組織官方球迷打氣團，設計南華吉祥物「波南」與「草南」，帶動球場內的熱烈氣氛。其他不少球隊都紛紛仿效，組織球隊打氣團，有的更聘請女模特兒擔任球隊寶貝，令在現場看球賽更有氣氛，對本地球市有一定的刺激作用。

此外，南華又與外國球會結盟，先後與日本職業球會橫濱水手、英超球會熱刺合作，安排旗下球員接受他們的短期訓練，包括賴文飛、陳嘉晉、陳肇麒、歐陽耀沖、郭建邦，讓球員親身體驗外國有系統的專業化訓練，擴闊他們的眼界。

羅傑承更在網上撰寫「足主的話」的網誌，大受網民歡迎，雖然球迷回應有讚有彈，但他肯定是歷任南華足球部主任

▲南華吉祥物「波南」與「草南」

◀羅傑承引入市場推廣理念宣傳球隊,《南華飯堂》系列便是其中之一。

之中，與球迷互動最多的一位，部分網民更替他取了一個綽號叫「羅神」。其後，他更仿效《志雲飯局》節目，推出《南華飯堂》系列，邀請球員或教練到他的心儀飯堂，一邊吃飯，一邊做訪問，包括歐陽耀沖、T・史高斯、李海強、陳肇麒等本地及外援球員，以及南韓教練金判坤。有關訪問內容其後輯錄成書，於2009年7月出版。

可惜，南華之後戰績下滑，羅傑承其後又牽涉入歐文龍案，在官司纏身之下，終於在2014年宣佈離任，離開了他擔任了八年的南華足球部主任一職。

東亞運奪金

2009 年確實是香港足球豐收的一年，香港在東亞足球錦標賽外圍賽，力壓北韓取得出線決賽週資格；在同年底舉行的東亞運動會足球賽更勇奪金牌，創下香港隊首次在國際綜合運動會贏得冠軍的紀錄。

雖然香港主辦 2009 年東亞運動會，佔有主場之利，但男子足球項目，有中國、日本、南韓及北韓參賽。香港與南韓、中國在初賽同被編入 B 組，賽前外界並沒有人看好香港隊能夠取得任何好成績。

足球總會以奧運隊球員為班底，加上陳偉豪、李志豪、黃展鴻、陳肇麒四名超齡球員參賽，由南韓教練金判坤帶領。參賽球員名單如下：

門將：葉鴻輝、李瀚灝、吳逸凱。

後衛：李志豪、陳偉豪、曾錦濤、蘇偉泉、陳韶遠、馮啟匡、賴文飛、黃展鴻。

中場：歐陽耀沖、劉念溢、徐德帥、黎耀昌、梁振邦、阮健文、梁倬軒、葉頌朗、郭建邦。

前鋒：陳肇麒、巢鵬飛、鄭禮騫。

首場初賽，香港在小西灣運動場出戰南韓，便為球迷帶來了驚喜。上半場二十一分鐘便由陳偉豪接應角球頂入先開紀錄，

三十分鐘黃展鴻開出短角球後，再接應隊友回傳，笠遠柱死角入網，香港領先二比零。完半場前南韓由高旼奇近門射入追成一比二。換邊後，戰至六十五分鐘，陳肇麒截得門將誤傳後，橫傳中路予徐德帥射成三比一。到了八十一分鐘，陳肇麒快放入禁區射入，協助香港以四比一大勝南韓。[16]

落敗的南韓之後以三比零大勝中國。12 月 8 日晚上在小西灣運動場的 B 組最後一場初賽，香港在陳肇麒缺陣下，雖然以零比一不敵中國，出現三隊同樣一勝一負得三分的局面，但香港隊憑著較佳得失球，以首名資格晉身四強，南韓以次名出線，中國則被擯出局。[17]

準決賽於 12 月 10 日在香港大球場上演，頭場日本在加時階段以二比一淘汰南韓，率先晉身決賽。尾場香港迎戰北韓，完上半場前，香港隊由陳偉豪繼初賽對南韓之後，再次接應角球頂入先開紀錄，北韓苦戰至八十五分鐘由現時在瑞士效力的朴光龍頭槌頂球彈地入網，扳成一比一平手，需要加時三十分鐘。加時階段雙方都沒有增添紀錄，要互射十二碼決勝負。香港隊四射皆入，北韓則有李光赫、金光學射失，香港隊以十二碼四比二，總比數五比三淘汰北韓，這是香港各級別代表隊歷來首次擊敗北韓。[18]

香港隊歷史性晉身決賽，令 12 月 12 日晚上在香港大球場上演的 2009 年東亞運足球決賽，掀起了一陣購票熱潮，公開發售的二萬張門票很快被搶購一空。可惜的是，香港政府曾透過賽馬會向學校派發免費門票，但不少持免費門票的人士沒有入場，導

致有球迷買不到票，看台上有空位而沒有人坐，實在是美中不足。行政長官曾蔭權到場為香港隊打氣，全港六大電視台更罕有地一同直播這場香港對日本的決賽。

決賽展開後，兩隊互有攻守，香港先有徐德帥從右路推順，施冷箭斜出，其後梁振邦從右路底線地波傳中，巢鵬飛來遲半步被後衛解圍。比賽至二十二分鐘，日本憑著一次角球，大迫勇也逗回中路，村松大輔近門窩利抽射，門將葉鴻輝拍到仍然入網，日本領先一球。半場一球落後的香港隊，換邊後有剛從熱刺受訓返港的陳肇麒後備入替，立即上演一幕「雷霆救兵」，上陣短短一分半鐘，歐陽耀沖左邊傳中，徐德帥遠柱頭槌回傳，陳肇麒門前頂入，為香港扳平一比一。日本被追和後不斷發動猛攻，幸好港隊門將葉鴻輝表現出色，屢救險球，一一瓦解日本攻勢，兩隊九十分鐘踢成一比一平手，需要加時再賽。加時上半場十一分鐘，陳偉豪接應角球頭槌攻門，僅僅柱邊出界。最終，兩隊賽和一比一。香港繼準決賽之後，再次要互射十二碼決勝負。

香港隊打頭陣的隊長歐陽耀沖主射太正，被日本門將松本拓也擋出。其後陳肇麒、陳偉豪、李志豪都成功射入，門將葉鴻輝成功撲出大塚長平的主射，鈴木大輔又射中柱出界。最後主射的黃展鴻一射中鵠，香港隊在十二碼以四比二，總比數五比三擊敗日本，在香港球迷面前勇奪東亞運足球金牌，首次贏得綜合性運動會足球比賽冠軍。[19]

比賽結束後，大部分觀眾都沒有離開，等待看賽後舉行的頒獎禮。香港隊球員在頒獎台最高台階上，從港協會長霍震霆

▲ 2009 年香港東亞運，香港成功奪得足球金牌。

▲ 2009 年香港東亞運足球賽頒獎禮上，香港隊成員表現興高采烈。

與勞工福利局局長張建宗手上，逐一接過東亞運足球金牌。賽後數千名球迷在香港大球場聚集，興奮高呼慶祝香港奪金。從此以後，香港隊的經典勝利，不再只得「五一九」，還多了一場「一二一二」了。

　　香港隊教練金判坤答謝球迷入場支持，亦為香港隊表現感到自豪，並且感謝每位球員，全力為香港付出。入球功臣陳肇麒就表示，體院結束足球部之後，香港近乎沒有青訓工作，希望香港隊奪得這面金牌後，可以推動特區政府增撥資源，發展本地足球運動。

　　雖然有人批評，香港隊之所以勝出，是因為中國只派出國奧隊，日本只派出二十歲以下的青年軍，南韓只派出乙組聯賽選手隊，但正如高立所說：「贏了就是贏了。」即使對方不是強陣應戰，香港隊也要付出努力才能夠贏取勝利，從此香港球迷在觀看英超、歐聯之餘，偶爾都會關注一下香港隊的比賽。[20]

鳳凰計劃與超級聯賽

香港特區政府為振興本地球市，於 2008 年 6 月，由民政事務局委託顧問，針對香港足球運動發展情況，制定出一套足球發展策略。同時，2009 年東亞運動會足球賽，香港隊勇奪金牌之後，引起香港社會各界對足球發展的關注。

在 2010 年 3 月 11 日的立法會會議上，政府發表了《推動本地足球發展顧問報告》，民政事務局將會成立足球發展小組，並且逐步落實顧問報告建議。民政事務局局長曾德成表示，目標是在五年內提升香港足球水平。顧問報告建議，包括：鼓勵教育及職業訓練機構，提供足球獎學金，以及開辦以足球為主的教育課程，讓有足球潛質的學生就讀；改善職業足球員地位，足球總會亦應協助成立職業足球員協會，推廣足球員的形象和權利；足球總會亦應多安排國際賽事，成立新的職業足球聯賽，並且為球會訂立新的準則，讓有潛質的球隊，參加內地聯賽，以及幫助香港隊，參加中國足球超級聯賽；為每支球隊安排一個固定場地訓練，同時要求球會為十六至十九歲的青年球員提供培訓，並且與大學商討成立基金，培訓有潛質的球員。[21]

足球總會董事局在 2011 年 2 月 11 日舉行的會議上，原則上同意及支持足球顧問團所建議之報告，認為改革報告的目標非常鮮明和簡單，就是無論在球場內或球場外，主旨都是推廣本港

足運。[22] 其後於同年 4 月 14 日，足球總會召開特別同人大會，五十三個屬會中有四十五個出席，參與會議的八十四名代表，投票一致通過修改憲章，正式落實鳳凰計劃以改革香港足球運動，並落實於 2012 年成立香港職業足球聯賽。[23]

2014 年 5 月，由特區政府委任的足球專責小組，就是否繼續資助足球總會改革香港足球運動舉行會議，並且決定原則上支持。稍後，足球總會向足球專責小組，提交由行政總裁薛基輔（Mark Sutcliffe）撰寫的、題為《力爭上游．萬眾一心》計劃書，為未來五年的香港足球發展提供策略方案。這份計劃書列出十大重點目標，包括：提升香港男女子代表隊在國際足協世界排名的名次、增強代表隊在國際大型賽事中的競爭能力，以及興建將軍澳足球訓練中心等。其中，有關香港足球代表隊的世界排名，列明以五至十年內，躋身世界前一百名、亞洲前十名作為成功指標，以及躋身 2020 年東京奧運足球賽決賽週。香港超級聯賽方面，則以五年內將每場平均入場人數提高至三千五百人為指標，並且在下個球季推出全新的預備組聯賽，規定每隊只能有不多於四名二十一歲以上球員上陣。

為期三年，由政府每年額外撥款兩千萬元予足球總會推行足運改革的鳳凰計劃，於 11 月結束資助期，由五年策略計劃書取代。[24]

因應鳳凰計劃的重新設計，原定於 2012 至 2013 年度球季展開的香港超級聯賽，首屆賽事延至 2014 至 2015 年度球季才正式舉行，升降制度並且由原本的升四隊降二隊，改為升三隊降一

《力爭上游——萬眾一心》

2015-2020 年度本地足球發展的策略方案

摘要

本摘要為未來五年的香港足球發展策略方案提供一個建議方針概覽。基於本文僅是一份摘要，必須同時配合計劃方案全文一併閱覽。

《力爭上游——萬眾一心》——願景

「鞏固系統化及整合的策略架構，革新香港足球的發展，願球員無論身在世界水平還爭，能夠令所有策劃、系統至運作所資源分配逐被實地收集，以臻能和激勵球員、球隊以至球會會盡一個有利環境，培養和啟發他們在其足球相的潛能，包括球員、裁判、教練或管理層的工作。」

香港足球總會足球發展策略目標：

提升香港足球水平，確保有機會予不同足球愛好人士參與足球運動，協他們的潛能得以盡情發揮。

《力爭上游——萬眾一心》是一個為期五年（2015 年至 2020 年），覆蓋面由草根足球乃至最高水平組別的本地足球發展策略方案。本方案以「球員為主導」，一一最基本的理念就是**以球員為先**。其目標以整合本地足球各個層面為大前提，當香港足球總會（下稱「足總」）帶領執行本方案時，必須獲得香港足球所有業界人士的支持。

◀取代鳳凰計劃的《力爭上游——萬眾一心》五年策略計劃書

▼傑志奪得首屆超級聯賽冠軍寶座

隊。不過，原本在舊制最後一屆甲組聯賽的球隊中，南區、晨曦、公民由於不滿足球總會的有關安排，相繼拒絕參加首屆賽事。[25] 原有甲組聯賽中只得七隊申請參賽牌照，連同乙組的冠亞軍：和富大埔與黃大仙，首屆香港聯賽只得九支球隊角逐。[26]

2014 年 8 月 12 日，足球總會主席梁孔德與行政總裁薛基輔，於記者會上宣佈超級聯賽正式成立。[27] 首屆超級聯賽揭幕戰於 2014 年 9 月 12 日在旺角球場舉行，由上屆甲組聯賽冠軍傑志出戰上屆乙組聯賽冠軍和富大埔，共有超過一千四百名觀眾入場，結果傑志以四比一大勝和富大埔，贏得超級聯賽首場比賽的勝利。[28] 為了遷就仁川亞運足球賽，超級聯賽季初不少比賽要改期，導致賽程混亂，遭到球圈人士及傳媒批評。

由於南華與太陽飛馬表現不濟，首屆超級聯賽冠軍，成為傑志與東方兩隊之爭。到了 2015 年 5 月 2 日，傑志作客大埔運動場出戰和富大埔，只要賽和取得一分，便可以提前一輪鎖定冠軍。傑志開賽十五分鐘便由射手巴倫古素先開紀錄，完半場前保連奴亦建一功，半場傑志兩球領先。不過，韋爾於七十三分鐘直射罰球入網，為和富大埔追成一比二，雖然巴倫古素於八十六分鐘梅開二度，為傑志射成三比一，但韋爾於八十八分鐘射入一個世界波，追近到二比三。補時階段，韋爾再主射十二碼入網，個人連中三元，和富大埔以三比三成功逼和傑志，惟亦無阻傑志提早成為首屆超級聯賽盟主。[29] 最終，和富大埔以十六戰一勝四和十一負只得七分，護級失敗降落甲組作賽。

個人獎項方面，為東方射入十七個聯賽入球的巴西前鋒基奧

雲尼，當選為「香港足球先生」。最佳教練獎則由 YFC 澳滌的李志堅獲得。兩位最佳年青球員，分別是南華中場陳肇鈞與 YFC 澳滌的梁冠聰。最受歡迎球星，則由南華的塞爾維亞中堅保贊奪得。

　　總計首屆超級聯賽，全季沒有一場賽事全場爆滿，平均每場觀眾人數是一千多人。入場人數最多的是 2015 年 1 月 11 日，在旺角球場上演的傑志對南華，共有超過三千五百名觀眾入場。而入場人數最少的則是 2015 年 1 月 25 日，在九龍灣公園上演的標準流浪對天行元朗，只得二百零九人入場觀戰。值得一提的是，全季入場人數最少的四場賽事，都跟標準流浪有關。

海報風波與港隊熱潮

　　香港隊自從於 1977 年及 1985 年，兩度於世界盃外圍賽取得小組賽出線權後，近年成績乏善足陳，因此愈來愈不受球迷重視。沒想到中國足協一張海報，卻意外地掀起支持香港隊的熱潮，連續四場主場賽事令旺角球場全場爆滿。

　　2018 年世界盃亞洲區外圍賽，香港與中國、卡塔爾、馬爾代夫、不丹，一同被編入 C 組。香港首場比賽迎戰不丹，賽事原本未受注視，惟受到中國足協的海報刺激，引起香港人關注這場賽事，門票銷情開始急升，到開賽一個半小時全部售罄。這是繼 2013 年亞洲盃外圍賽對越南之後，香港隊賽事再次全場爆滿。[30]

　　在全場觀眾吶喊助威下，香港隊甫開賽便向不丹發動猛攻，十九分鐘便由麥基飛頂入網先開紀錄。二十三分鐘，安基斯跳頂入網，領先二比零。盧均宜於三十分鐘頭槌頂成三比零。鞠盈智四十二分鐘於禁區內把握機會射入，香港隊半場已經遙遙領先四比零。而且四個入球，分別來自白皮膚、黑皮膚、黃皮膚的球員，當中包括土生球員及入籍國援，果真如中國足協海報所言，入球相當有層次。下半場再由林嘉緯、麥基、高梵各入一球，以七比零大勝不丹，是香港隊自 1985 年主場八比零大勝汶萊之後，世界盃外圍賽最大比數的勝仗。[31]

◀中國足協海報激發香港球迷支持香港隊

▼ 2018 年世界盃亞洲區外圍賽，香港成功逼和中國。

香港隊其後主場迎戰馬爾代夫，雖然上半場一度陷於苦戰，但下半場憑著徐德帥與林嘉緯各建一功，以二比零擊敗馬爾代夫。不僅世界盃外圍賽連贏兩場，香港隊更是連續六場國際賽不失球，並且創下最佳紀錄。[32]

到了 9 月 3 日，香港作客深圳出戰中國，憑著全隊將士用命，努力防守，門將葉鴻輝屢救險球，加上獲得幸運之神眷顧，中國射門三次中柱、一次中楣，最終香港以零比零逼和中國。[33]

9 月 9 日，香港回到旺角球場迎戰同組實力最強的卡塔爾，在落後三球的劣勢下，香港隊球員仍然奮戰到底，八十七分鐘由白鶴伏兵門前頂入破蛋，八十九分鐘高梵門前混戰中轉身抽入，追成二比三，為賽事掀起高潮。雖然最終仍以二比三不敵卡塔爾，在今屆外圍賽首嘗敗績，但香港球員永不放棄的精神，卻贏得球迷一致讚賞，輸了比賽卻贏得掌聲。[34]

接下來香港隊兩場作客賽事，贏得相當驚險。先是 10 月 13 日作客不丹，在高原、低溫、大雨下陷入苦戰，戰至完場前才憑著陳肇麒接應角球頂入，以一比零險勝不丹。隨後於 11 月 12 日作客馬爾代夫，亦只能靠保連奴上半場主射十二碼入網，以一比零小勝而回。

到了 11 月 17 日，香港主場迎戰中國，這場大戰掀起全城哄動，旺角球場連續四場世界盃外圍賽全場滿座。香港隊今場比作客深圳更進取，與中國互有攻守，上半場中國先有楊旭與黃博文分別射中柱，麥基於二十九分鐘頭槌頂中楣角彈出，完半場前辛祖的頭槌亦僅僅在楣頂高出。換邊後僅僅八分鐘，法圖斯更曾經

趁中國隊門將甩手射入，可惜保連奴被指侵犯門將在先，入球被判「詐糊」。香港門將葉鴻輝亦繼續有超水準演出，加上畢津浩於補時階段頂中楣。結果，香港與中國連續兩次交手，都踢成零比零平手，未分勝負。[35]

由於香港隊在世界盃外圍賽，踢出近年最好的成績，世界排名由 2015 年中的一百六十七位，回升至一百三十七位。雖然香港七戰四勝、二和、一負，得十四分，要爭取以四支最佳小組次名晉身十二強賽，機會已經較微，但已提前取得亞洲盃外圍賽第三圈資格，而且能夠兩度逼和中國隊，更令香港人感到自豪。[36] 因此，足球總會亦宣佈與教練金判坤，續約至 2018 年，力爭重返亞洲盃決賽週。

2016 年 3 月 24 日，香港隊進行最後一場世界盃外圍賽分組賽，作客多哈出戰卡塔爾。由於陳偉豪受傷，基藍馬被罰停賽，後防被逼變陣出擊，派出新入籍兵羅素，與法圖斯扼守中路。香港隊早段幾乎先開紀錄，羅拔圖左路開出角球，可惜羅素遠柱近門射高。卡塔爾站穩陣腳之後逐漸控制戰局，比賽至二十分鐘，法拉拿左路底線地波回傳，隊長艾哈杜斯後上射入，卡塔爾半場一球領先。下半場，香港隊換入高梵與艾力士加強攻擊力，搶回不少攻勢，辛祖更曾於禁區內被踢跌，只是球證未能明察秋毫，未有判罰十二碼。卡塔爾於八十六分鐘的一次快速突擊，有越位之嫌的施巴斯坦快腳射入，香港以零比二不敵卡塔爾。[37]

最終香港以四勝、二和、二負，得十四分，以小組第三名完成小組賽，未能出線十二強賽，惟成績已經是近年最佳的一次，

▲香港隊表現值得鼓掌

實在是超乎賽前預期。由於香港隊在這次外圍賽表現出色，尤其是兩次賽和中國隊，在全國電視直播下，令部分香港隊球員因而受到內地聯賽球會注視，令香港球員獲得北上效力的機會。結果，法圖斯與歐陽耀沖加盟貴州智誠，基藍馬獲天津權健羅致，李志豪加盟梅州五華，伊達轉投新疆天山雪豹，保連奴則加盟深圳宇恆，而積施利更加獲得中超球會長春亞泰聘用，成為中國超級聯賽唯一的香港球員。香港隊在世界盃外圍賽的出色表現，為球員自己踢出「錢」途。

南華退出超級聯賽

曾有人批評羅傑承領導的南華，是靠公關包裝贏得支持，可是在後羅傑承時代，卻爆發連場公關災難。首先是解僱范俊業、許家銓等幾位職員，令球隊內部士氣受損；繼而又與球迷打氣團鬧意見，導致球隊比賽沒有啦啦隊；並且曾經多次嘗試阻撓球員代表香港出賽，嚴重影響南華的公眾形象。[38]

在球隊管理方面，未能有效改善球隊實力，外援球員更經常出現「入錯貨」的情況，除了射手高美斯之外，其他外援實在是乏善可陳。結果導致南華成績明顯下滑，聯賽連續三個球季都遠離爭冠行列。盃賽方面，雖然殺入亞洲足協盃八強，但本地賽事成績則強差人意，只曾於菁英盃及足總盃各入過一次決賽，惟都只能夠屈居亞軍，令南華罕有地連續三個球季皆「四大皆空」。影響所及，不少擁南躉因此對球隊表現感到失望。

結果，無論是比賽成績、球隊形象或是入場人數均非常不理想。2017年5月20日，南華於季後附加賽以一比六慘負東方腳下後。[39] 正當一眾擁南躉失望之際，南華卻突然於6月5日發出新聞稿，表示經重新檢視球隊近年發展之後，決定來屆退出超級聯賽，並且向足球總會申請，繼續組隊參加甲組賽事，並聲稱自降甲組，目的是重點培育青年球員。[40]

南華自行降至甲組作賽的消息，震撼程度比三十年前精工退

會育體華南
South China Athletic Association

香港加路連山道八十八號　電話 : (852) 2577 6932　傳真 : (852) 2890 9304

南華足球隊
來屆新路向

南華體育會今日宣佈,經重新檢視足球隊近年發展後,決定來屆退出香港足球超級聯賽,並向香港足球總會申請,繼續組隊參加甲組賽事。

會方表示,這項沉重的決定是經過會內各位首長深思熟慮後才達成的。南華足球隊自創立至今,一直致力培育年青足球員。而現今足球圈,長期欠缺足夠的年青優秀球員去推動足運,因此該會自去年開始,已展開十年青訓計劃,重建該會足球青訓系統,這個決定亦是全面配合該計劃而行,由下年度開始,兩項計劃將同步雙線並行,當足球隊打好基礎後,會在最短及適當時間以新面貌在港超聯與球迷見面,希望各位擁南躉給予大力支持和鼓勵。

會方明白這決定可能會令部份擁南躉失望,但南華會重申,今次的決定,可以將原有投放於超聯球隊的資源,轉為配置到足球青訓發展方面。希望在不久將來,有更多新一代優秀足球員亮相,重振香港在亞洲的足球王國聲譽。

2017 年 6 月 5 日

▲南華發表聲明表示退出超級聯賽

出聯賽，實在是有過之而無不及，畢竟精工只得十多年歷史，南華卻是香港少數成立過百年又仍然運作的足球隊。有關消息傳出之後，令球圈內外大為震驚。南華停止向足球部每年資助五百萬元，應該是導致南華退出超級聯賽的主因。[41]

成立於 1908 年的南華，自從 1918 年首次升上甲組聯賽角逐後，便從未試過缺席本港的頂級聯賽，先後贏過四十一次聯賽冠軍、三十一次高級組銀牌賽冠軍、十次足總盃冠軍、八次總督盃冠軍，以及三次聯賽盃冠軍，其輝煌成績在本港球壇可謂無人匹敵。南華在 1983 年及 2006 年兩次護級失敗，最終都獲得足球總會挽留，得以倖免降班，繼續留在甲組作賽。今年便是南華征戰頂級聯賽一百週年，沒想到南華竟然會選擇自降到已是次級聯賽的甲組作賽，來迎接這個別具意義的球季。[42]

在 1983 年南華第一次護級失敗，足球總會在討論是否挽留南華的時候，其中一個重要論點，便是認為南華是香港擁有最多球迷的球隊，如果甲組聯賽沒有了南華，對球賽票房將會帶來災難性的影響。不過，經過最近三個球季的失敗經營之後，南華入場人數明顯下跌，已經不再是入場觀眾最多的球隊。因此南華退出超級聯賽，對票房的實際影響究竟有多大，仍然有待觀察。

這次南華自降甲組事件，令人憂心舉辦僅三年的超級聯賽的前景。連南華這個擁有過百年歷史的球會都放棄角逐超級聯賽及上屆甲組冠亞軍：晨曦與黃大仙又放棄升班，實在令人懷疑超級聯賽究竟有多大的吸引力。

超級聯賽於 2014 年舉行之初，確實曾予人一番新景象，可

是舉行了短短三年之後，便已經出現荒腔走板的情況。尤其是剛過去的 2016 至 2017 年度球季，竟然接受業餘球隊港會，以一百萬元班費預算升班角逐；又准許廣州富力付出一百萬元贊助費，便可以派出球隊來港參賽，惹來球迷質疑將港超聯當作中超預備組，亦難免令人想起香雪製藥、聯華紅牛等曾參加甲組聯賽的內地球隊。最近更傳出富力申請以廣州燕子崗球場舉行主場賽事，更加令球迷擔憂，超級聯賽會走回昔日甲組的舊路。對於這個有名無實的超級聯賽，如何繼續發展下去，實在讓人感到憂心。

註釋

1. 高立:《跟著足球看香港》(香港:次文化堂,2016 年),頁 84-86。

2. 莫逸風、黃海榮:《香港足球誌》(香港:上書局,2008 年),頁 234。

3. 莫逸風、黃海榮:《足可圓夢》(香港:和富社會企業,2007 年),頁 92。

4. 《蘋果日報》,2002 年 11 月 17 日報導。

5. 高立:《跟著足球看香港》,頁 83。

6. 莫逸風、黃海榮:《足可圓夢》,頁 94。

7. 同上,頁 99。

8. 莫逸風、黃海榮《香港足球誌》,頁 231。

9. 《蘋果日報》,2006 年 4 月 24 日報導。

10. 賴文輝:《香港十大名將》(香港:青森文化,2013 年),頁 106。

11. 莫逸風、黃海榮:《香港足球誌》,頁 235。

12. 高立:《跟著足球看香港》,頁 46。

13.《蘋果日報》,2009 年 8 月 28 日報導。

14. 同上,2009 年 10 月 22 日報導。

15. 高立:《跟著足球看香港》,頁 177。

16.《蘋果日報》,2009 年 12 月 4 日報導。

17. 同上,2009 年 12 月 9 日報導。

18. 同上,2009 年 12 月 11 日報導。

19.《蘋果日報》,2009 年 12 月 13 日報導。

20. 高立:《跟著足球看香港》,頁 211。

21.《蘋果日報》,2010 年 3 月 12 日報導。

22. 足球總會官方網頁，2011 年 2 月 11 日公佈。

23.《東方日報》，2011 年 4 月 15 日報導。

24.《大公報》，2014 年 11 月 5 日報導。

25.《亞洲週刊》，2017 年 6 月 25 日，頁 37。

26.《東方日報》，2014 年 7 月 9 日報導。

27.《蘋果日報》，2014 年 8 月 13 日報導。

28.《東方日報》，2014 年 9 月 13 日報導。

29.《蘋果日報》，2015 年 5 月 3 日報導。

30. 高立：《跟著足球看香港》，頁 211。

31.《蘋果日報》，2015 年 6 月 12 日報導。

32. 同上，2015 年 6 月 17 日報導。

33. 同上，2015 年 9 月 4 日報導。

34.《東方日報》，2015 年 9 月 10 日報導。

35.《蘋果日報》，2015 年 11 月 18 日報導。

36. 高立：《跟著足球看香港》，頁 211。

37.《東方日報》，2016 年 3 月 25 日報導。

38.《亞洲週刊》，2017 年 6 月 25 日，頁 37。

39.《蘋果日報》，2017 年 5 月 21 日報導。

40.《東方日報》，2017 年 6 月 6 日報導。

41.《亞洲週刊》，2017 年 6 月 25 日，頁 36-37。

42. 同上。

結語

　　回顧香港足球過去一百七十多年來的發展，從開埠初期由英軍及殖民地官員傳入足球運動，漸漸地在香港萌芽，繼而成立球會、組織比賽、成立足球總會。後來，香港華人足球亦發展迅速，不但手執全國牛耳，更揚威遠東運動會，進而登上奧運舞台。戰後初期，香港足球踏入黃金時期，球星輩出，兩度稱霸亞運，到了 1980 年代開始衰落，千禧年間更是步入冰河時期。近年在部分球圈人士努力改革下，政府與公眾的關注度亦增加，總算是谷底反彈，然而如何重返輝煌盛世呢？

　　其實早在 1975 年，球王李惠堂便曾在〈香港足球五十年〉一文嘆息本港足運衰落，並嘗試探究問題所在：「亞洲各國均有長足進步，獨香港仍固步自封，幾年前雖改制為職業也無濟於事，識者惜之，深嘆往日輝煌之赫赫戰果，今已不復再見了。」「第一本港球人技術雖已升堂，猶未入室，假身假腳控球運球傳球，還未能抵達初寫黃庭恰到好處的階段。第二本港球證吹得過嚴，球員很少利用合法衝撞，結果……在國際賽中多少受球證及球規心理上的牽制而踢不出最高水準來。第三鍛練體力還未達

到巔峰狀態，對歐美球隊便會吃虧。第四頭球太弱，上好足球雖多從地面上踢，但球賽中，總不免有高空球，本港球人以美妙頭球攻門的實在罕見了。第五球人無射門慾，射門力道也不夠勁，一季中三十碼外射中鵠的球，真如鳳毛麟角。第六戰略上的運用，仍須加強。」（收入魯夫等編：《李惠堂先生紀念集》〔香港：五華旅港同鄉會，1982 年〕，頁 235）

香港足球衰落的原因，已經是老生常談：政府缺乏長遠規劃，有系統青訓工作欠奉，其他地區足球水準迎頭趕上。此外，市民生活習慣改變，娛樂選擇種類增加，加上收費電視直播外國足球比賽，都令觀看本地足球的人數不斷下降。

近年特區政府對香港足球的關注較以前增加，曾蔭權任內推出鳳凰計劃，推動本港足球發展，並且撥出公帑提供資助。可是數年時間過去了，成效卻並不顯著，花費公帑增聘若干職位，足球總會行政效率仍未見明顯改善；青訓的人數雖然增加，但場地數目未有相應配合，反而影響了精英訓練；超級聯賽更予人名不副實，逐漸走回頭路的感覺。

須知道，想要振興香港足運，絕不能單靠政府撥款資助，不少學者或球圈人士都曾經指出，要提高香港足球的受關注程度，方法不外乎兩個模式。第一是日本模式，由政府提供稅務優惠，鼓勵大企業贊助足球運動，令球會經濟狀況更充裕。第二是新加坡模式，開放本地足球賽事博彩，然後從投注額或博彩利潤中，抽取若干百分比，資助球會班費或足球運動發展。

究竟哪一種模式更切合香港情況，還是從中分別取長補短？著實需要有關方面作更深入的研究。然而，政府及有關當局不能再議而不決，否則就算再多推出幾個鳳凰計劃，所謂推動本港足球發展，永遠都只會是一句空話而已。

「跨世代話港足」圓桌座談

日期：2018 年 1 月 26 日

地點：三聯書店

嘉賓：黃文偉（黃）、丁新豹（丁）、呂大樂（呂）、周家建（周）、賴文輝（賴）

主持：梁偉基（梁）

引子

梁：大家好，首先代表三聯書店歡迎各位參與「跨世代話港足」圓桌座談。「港足」不用多解釋，就是指香港足球；「跨世代」就更不用解釋了，在座幾位分屬不同世代的球迷，包括黃文偉先生、丁新豹博士、呂大樂教授、周家建博士，以及《簡明香港足球史》的作者賴文輝先生，再加上我，共有六位球迷。今天座談主要圍繞港足藏品、人物、球隊、比賽，而最重要的是港足未來的路應該如何走。

從港足藏品說起

梁：我們先從香港足球的歷史開始吧！周博士，你可否講一下足球傳入香港初期的情況？

▲從右至左：呂大樂、黃文偉、周家建、賴文輝、丁新豹、梁偉基。

周：香港開埠初期，英國人便將足球運動帶來香港。當時英軍沒有自己的球場，於是在中環，大約是現在遮打花園附近的閱兵場踢足球。結果，吸引了一些華人觀看。同時，在海軍船塢旁邊有一塊沙地，開始時有一些洋人在那裡踢球，然後有華人參與。一些學校亦開始以足球作為體育活動，比如拔萃男書院。稍後，開始出現學校之間的足球比賽。香港華人是很有趣的，湊不夠十一個人，他們就靈活變通，想出以七位球員比賽的「小型足球」。這樣便衍生了「大型足球」和「小型足球」的分別。

梁：文輝，你撰寫《簡明香港足球史》過程中，閱讀了不少香港足球史的資料，可以跟我們分享一下嗎？

賴：其實香港足球特別是華人足球，正如周博士所言，是由學校開始的。學校裡很多傳教士或外籍老師本身是足球發燒友，他們透過體育課，有意無意之間將足球運動傳授給華人學生。雖然學界球隊最初幾乎是清一色的洋學生，但華人學生在耳濡目染下也漸漸對足球產生了興趣，並組成了華人足球隊，開始了本地華人足球的發展。

梁：我在閱讀《簡明香港足球史》時，發現香港足球曾經有過不少輝煌的歲月，甚至有不少香港球員曾代表中國國家隊參賽。

賴：是的。參加過三屆奧運，取得兩屆亞運金牌，也奪得過默迪卡盃冠軍，惟獨是亞洲盃成績欠佳。

梁：是不是在遠東運動會連續九屆奪冠？

賴：是，但當時的對手主要是日本或菲律賓這些亞洲國家。

梁：為甚麼第十屆奪冠失敗？

賴：應該是第一屆奪冠失敗才對。因為當時中國球員缺乏國際賽經驗，加上他們要長途跋涉前往菲律賓，到埗後不久便要比賽，所以輸也是值得體諒的。

梁：周博士，你有沒有一些足球藏品可以跟大家分享一下？

周：我經常說「歷史佬」不要做收藏家，因為「歷史佬」做收藏家是會傾家蕩產的，所以我並不是藏家而是用家。為甚麼我會收藏這些東西呢？是因為在英國唸書時看球賽，發現原來有很多跟球賽相關的東西是可以收藏的。

返港後，我便開始收藏有關香港足球的東西。第一類是球衣。當時我是甚麼球衣也收藏的，就連阿塞拜疆隊，我也買了一件。第二類是場刊。場刊除了告訴我們出賽球員名單外，還會讓你知道有關球會的消息。那時沒有互聯網，只能靠這些場刊或雜誌取得相關資訊，如 Match 等足球雜誌。眾多藏品中，如當年皇朝盃（東亞足球錦標賽前身）的場刊，我相信當時沒甚麼人會買這本刊物，因為那時索價二十元，在 1997 年前不算便宜了。你會發現這本場刊內有很多資料，例如「萬寶路皇朝盃」的字樣，反映出當時香煙經常成為球賽贊助商。現在，煙草商已不可能贊助球賽了。至於這本則是 1947 年星島往伊爾福特（Ilford）參加季前熱身賽的場刊（見頁 198 圖一 / 鳴謝周家建博士提供）。

周：為甚麼我喜歡收藏場刊呢？除了因為有當地情況、球員的介

紹外，它還列出球隊的陣容。後來，這些場刊發展成一本小書，載有更多的資料，詳細介紹每位球員的背景。香港球隊的場刊較難收藏，如星島、華聯、怡和等。當然，這些場刊的資料經常有錯，因為那時候資料搜尋不像現在般方便，或是道聽塗說，或是依靠 *China Mail* 等外文報刊。雖然如此，這些場刊仍是研究歷史時很有用的資料。

周：今早我在香港大學圖書館取了這本青少年刊物。它的資料多元化，這期卻跟現在的體育雜誌差不多。你會發現它用了差不多一半篇幅訪問了兩位球員：黃威、陳俊樂，講述他們怎樣從青年軍一步步效力香港隊。它不是純粹講足球，而是想告訴年輕人其實行行出狀元。而我剛收藏的另一本是英格蘭甲組球隊貝利（Bury F.C.）的場刊，封面人物是在香港出生的戴偉浚。

梁：他外貌像十多歲。

周：那時他爸爸覺得他應該可以同時兼顧足球與唸書，於是移居英國，並且讓他加入了當地球會的青年軍。

梁：這本刊物挺有意思！

周：後來，我開始收藏另外三種東西。

第一種是球賽門票。我最初只收藏本地球賽門票，後來連一些與香港有關的球賽門票也在收藏之列。這種球賽門票，我會再分成幾類：第一類是香港隊或者香港球隊到外地比賽的，第二類是外地球隊來香港比賽的，第三類是香港球員在其他球會比賽的。2010 年東亞足球錦標賽，香港有幸擠身

▲ 圖一

▲ 圖二

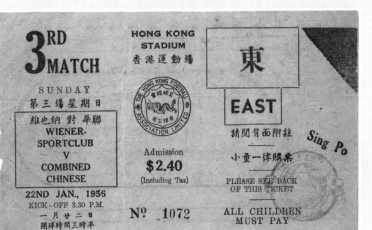

▲圖三

▲圖四

最後四強，我和太太遂前往日本觀賽。我們觀看了三場比賽，分別是中國對日本、香港對南韓及香港對日本。這張就是香港對南韓的門票，是電腦打印的（見頁 198 圖二／鳴謝周家建博士提供）。可惜的是，香港對日本的門票沒有了，因為賽事當天下大雨，那張門票變得濕淋淋，沒法保存了。在日本看球賽，我發現一個在香港沒有的現象，就是當地人會視之為家庭聚會。開賽前，你會見到小朋友四處奔跑，除了有很多售賣小食、飲品的攤檔外，還有讓小孩玩耍的大型吹氣彈床。當時天氣冷，職員便派毛巾般的毯子予觀眾，讓你蓋著雙腿。球賽剛完結，已經有職員站在球場外派發號外，大約是小報的呎吋，共兩頁，告訴你那場球賽結果如何等消息。試想想，從球賽完結到你離開球場，最多半小時，但他們已經準備好號外了。我覺得足球已經成為當地的一種產業。

另一張藏品是 1956 年維也納對港聯的球賽門票（見頁 199 圖三／鳴謝周家建博士提供）。它的有趣之處是上面蓋印著 Sing Po，我懷疑是當時給報館的門票。

丁：應該是維也納迅速隊（Rapid Vienna）。

周：有些門票跟香港有關，卻找不到香港的名稱。例如這張是亞運會半準決賽香港對孟加拉的門票，因為抽籤時未知屬於哪一組，所以用了 T84 作為場數代號（見頁 199 圖四／鳴謝周家建博士提供）。

周：香港球員外流的不是很多，比如歐沖（歐陽耀沖）曾在葡萄

牙落班，和哥（李健和）效力新加坡芽龍聯，而最為人熟知的便是張子岱效力黑池。人們常說張子岱、張子慧曾在溫哥華踢足球，但他們效力的並非溫哥華白帽隊（Vancouver Whitecaps）而是溫哥華皇家隊（Vancouver Royals）。他們是正選球員，甚至有報紙拍到他們踢足球時的照片。其中一張藏品應是他們效力溫哥華皇家隊時的門票，因時間倉促，我未有到當地圖書館查核資料看他們有沒有出場。

周：至今我收藏的球賽門票大約有一百多張，它們提供了很多不同的資訊，比如廣告、贊助，甚至出現球星的照片。當年執掌南華的羅傑承就將畢特的照片放到門票上。當中最珍貴的是 1997 年世界盃外圍賽的門票，票面上可見到整隊香港代表隊被印在門票上，還有港英年代的「香港旗」在上面。
我還會收藏一些連票根的門票，特別是那些贈券。早期的贈券會有足球總會負責人的簽名，真的是親筆簽名，後來就直接印上「贈券」兩個字。

周：因為大部分足球照片都是報館擁有的，所以較難收集。在我少數的足球照片藏品中，最早期的一張是足球總會成立前英國人球隊的照片。這張照片刊載於當時很流行的 *Picture Post*。事實上，足球傳入香港並非始於足球總會成立後，而是在此之前已經在香港發展了。

周：我亦會收藏一些文件，比如早前我買了一封信，是 1957 年小型足球組織致函香港政府，要求在灣仔修頓球場安裝一部汽水機。因為那裡是很多勞工階層一日辛勞工作之後踢球的

地方，那部汽水機則是讓他們在運動之後有另一種娛樂。我們可以通過這些文件由研究足球史，進而研究社會史。

梁：即是可以從足球觀察香港社會發展。

周：我覺得體育是很有趣的，從中可以看到很多不同的東西。

梁：可以看到經濟發展、社會民生等。

丁：還有政治。

梁：對，還有政治。

周：足球其中一個有趣的地方，就是可以有很多聯繫，包括同年紀的聯繫及不同年紀的聯繫。丁公是長輩，討論學術時一定要以謙卑的態度討教，但在談論足球時就可以平起平坐了。

港足重要人物

梁：討論完香港足球傳入香港的歷史，我們將焦點放回人物方面。偉哥，你可否跟我們分享一下香港球壇有哪些重要人物？

黃：你是指哪一類重要人物？教練還是球員？

梁：教練、球員、領隊以至班主等。

黃：我比較早出道，在五十年代末已經開始踢球。那時候教練的責任只是管束球員，並不會教球員怎樣踢球，所以球員都是臨場發揮的。我曾代表的「中華民國」隊的教練，也是這樣的。比賽開始前，教練會問一下幾位核心球員，那些球員可以出場，因為那時比賽規定中途不能換人，若有球員受傷或出了甚麼情況，就只能夠在不足十一人的情況下作賽，所以

教練非常緊張出場的人選。

黃：例如對英國那場比賽，我代替了林尚義的位置。但是，教練沒有教我們甚麼戰術，不像現在的教練會教球員如何部署。

呂：你代表「中華民國」隊時只有十六歲，當你知道在對英國那場賽事可以出場時，心情如何？

黃：當然是很開心了。那時候很多球員都想爭取出場，比如林尚義等，他們覺得我只是初出道的小伙子，完全想不到我可以出場的。之前我只踢了一兩場賽事，教練就跟我說：「你可以了！」所以能夠參與那場賽事，我確實感到很意外。

呂：當你知道自己要參與這場國際賽事後，你感到緊張嗎？

黃：不會緊張了。因為你知道人家確實是比自己強，惟有盡力而為，抱著輸少當贏的心態比賽。

黃：最終我們以二比三輸給了英國。

丁：成績很不錯了。

黃：當然是不錯了。如果不是隊友之間在言語上發生衝突而輸了一球，可能會是二比二平手呢！

梁：領隊又如何呢？

黃：按照南華的傳統，足球部主任兩年一任，任滿後不可以續任。後來，許晉奎打破了這個傳統，因為他表現很稱職。當時是六十年代，我記得他和球員打成一片。那時候球員還很年輕，只有兩三人結了婚，所以他們很多時候都跟著他。晨操的時候他過來陪他們，訓練完又陪他們吃飯，吃飯後有時會帶他們看電影，所以球員對他可謂死心塌地，不想辜負他

的期望。他之所以連續做了六七年，就是因為那種人情味。

梁：他有那種凝聚力，可以把球員凝聚在一起。

丁：你入行時的偶像是誰？

黃：當然是「香港之寶」姚卓然了。當時有三劍俠、新三劍俠。三劍俠就是何應芬、朱永強、侯澄滔。他們「收山」後又有新三劍俠，就是羅國泰、陳輝洪、吳偉民。我記得小時候在灣仔修頓球場看足球，經常碰到姚卓然、莫振華、黃志強。想不到幾年後，我就跟他們一起踢球了。

丁：誰是你的伯樂？

黃：是黎仲賢。他是很多人的伯樂，包括姚卓然、梁偉雄、黑卒。

周：以前是一些實力雄厚的英商支持體育活動，華商則很少參與，而英商往往是先組織足球隊的，例如早期怡和的足球隊。

黃：在六十年代，不少建築商喜歡組織足球隊，例如陳南昌的傑志。「四萬腳」這個典故就是來自陳南昌的，事緣當年陳南昌一次過給了姚卓然四萬元的球員工資。

梁：四萬元是一個不少的數目呀！

黃：當時四萬元可以買下整棟樓房了。

黃：他們之間還有這樣一個故事。那時候機場的保安沒有現在那麼嚴密，人們可以自由進出。有一次，姚卓然從外地返港，結果行李一送出來，就被陳南昌派去的伙計拿走了。姚卓然惟有跟他回陳南昌的寓所，簽了合約予陳南昌。南華知

道後，馬上找人跟姚卓然談，承諾給他四萬元，請他重回南華。

周：竟然可以這樣做？

周：合約是跟班主簽嗎？

黃：是跟球會簽。

黃：比賽完結後，那些合約便沒用了，所以有些球員在球季末就對外發放有利自己的消息。

丁：很高招呢！

黃：曾經有一位球員在夏令盃表現不錯，所以不少球會都想用他，他就四處跟人說，有七間華人球會想羅致他。

梁：即是自抬身價。

周：話說回來，為何建築商那麼喜歡組織足球隊？

黃：一兩個建築商先辦，其他同行便跟著辦。

梁：除了建築商，有沒有其他界別的老闆喜歡組織足球隊？

黃：飲食業的老闆。例如早年愉園的班主簡煥章，就是敦煌酒樓集團的老闆。如果球隊輸了比賽，球員垂頭喪氣的時候，他會主動鼓勵球員，跟他們說：「唔緊要，輸波又點呀，我地去食飯！」如果球隊贏了比賽，他卻會躲起來，不出來交際的，所以球員都很尊敬他。

丁：你效力愉園的時候，愉園有沒有任何政治色彩？

黃：當初是有的。我入選「中華民國」隊，已有人跟我說不要去，代表台灣還不如代表香港，香港將來前途更好。但當時我年紀輕，覺得去菲律賓甚至羅馬是很難得的機會。

呂：有趣的是，為何「中華民國」隊會選用愉園球員？

黃：他們是不知道的。

梁：「中華民國」隊的待遇如何？

黃：他們會給球員安家費外，還有零用錢，加上當時「中華民國」隊比香港隊的地位要高。比如我們作客伊朗，食物不合口味，當地華人就拿湯拿食物給我們，卻不太理會香港隊。所以，很多球員都想代表「中華民國」隊。

丁：你有沒有見過蔣介石？

黃：有。那次我們取得默迪卡盃冠軍後去台北見他，先是李惠堂單獨跟他會面，解釋那場比賽怎樣，是那位球員射入了球。之後，我們才去跟他見面，工作人員指示我們一排坐著，手要怎樣放都講得很清楚。李惠堂跟他介紹每位球員，當講到那位球員射入了球的時候，他就說：「了不起，了不起！」最後我們跟他拍集體照。

黃：除了蔣介石，我也見過馬英九。馬英九在任期屆滿前曾接見過我們這批曾代表「中華民國」隊的香港球員。我們要求他發給我們台灣護照，他表示同意，並吩咐相關單位辦理。

港足著名球隊

梁：我們談過一些重要的港足人物，現在可以談談球隊。

梁：丁公，我印象中你是南華躉，對嗎？

丁：除了南華，我不看別的球隊，因為我覺得南華有一種獨特的

精神。

梁：那我們就從南華講起吧！

丁：那時候我喜歡南華到甚麼程度呢？就是當南華沒落的時候，我卻喜歡上阿仙奴，原因很簡單，就是因為球衣相同。但到後來我對南華以至阿仙奴都全無感覺了。

梁：當初你為何愛上南華？

丁：因為那個年代南華球星如雲，見到球星就像見到明星一樣興奮。所以每個星期最重要的事情就是星期日有波聽。為甚麼不是睇波呢？因為家人不讓我去看比賽，怕球場環境複雜，我會結識到一些壞分子。於是，我借故去剪頭髮，其實是到大球場看比賽，整個下午也不回家。

丁：我看足球的時候，姚卓然先已經退役，南華有黃志強、何祥友、郭錦洪等球員。

丁：蝦仔（郭錦洪）還在嗎？

黃：不在了！

丁：他真是一名老將。

黃：他很活躍，體力很好。

丁：十二碼都是由他負責的。

梁：大樂教授，你那時是支持哪一隊？

呂：我是初中階段開始看足球，因為大部分同學都喜歡南華，所以我就不捧南華了。接著精工崛起，你可以想像同學中又有一批精工躉，所以我也不捧精工了。那時候我甚麼球隊也看，比如加山、市政、消防、流浪、寶路華等。

丁：有一年消防表現很突出呢！

呂：我印象最深刻的是消防對陸軍，比賽場地在港會。港會地方很小，沒有多少個球迷觀戰，因陸軍實力太弱了，所以消防一定會贏。但比賽過程中，消防意外地失了一球，中圈再開波，張子岱大腳一射入網。

呂：後來，我多看了足球是因為加入了校隊。當時校隊成員有球員證，我們憑著球員證可以購買便宜的門票。那時候年紀小，覺得自己有機會坐「場館」很威風，因為比賽球員可能坐在自己附近，甚至我可能就在他們後面，只相隔數行而已。

梁：周博士，我知道你是精工躉，對嗎？

周：我為何不捧南華呢？第一，因為胡國雄效力精工。第二，以我的身高，在中一的時候坐在最後一行。上課的時候，老師在講課，我和另一位同事就默書。我默寫精工的陣容，他就默寫南華的陣容。他支持南華，我就支持精工，這樣才可以爭論，有話題可談。

我相信精工是第一支市場化的本地球隊，它會推出一些衛衣、風樓之類的產品。雖然唸中學時沒有多少零用錢，但仍會節省金錢去買。你穿上身後，就會覺得跟這支球隊有一種聯繫了。到精工解散的時候，我就跟朋友說我退出球圈了，接著已經沒有一支特別支持的球隊了。回來香港後，搬到將軍澳居住，亦甚少看球賽了。直到傑志紮根社區，以那裡為主場後，我才開始再看球賽，但當他們贏了冠軍離開了將軍

澳後，我的熱情又減退了，現在已甚少入場看球賽了。

梁：文輝，你是哪一隊的擁躉？

賴：我可說是在花墟球場看球賽長大的，我小時候爸爸是返早班的，他下班後沒特別事就會帶我去花墟看球賽。但他是很「揀擇」的，不看中小型球隊，一定要有南華、愉園、精工等才會看。有一次，我記得是精工對東昇，那個球滾過來，大頭仔（胡國雄）過來執波，爸爸叫我幫他撿，那時我只有四五歲，有些害怕不敢動。最後還是在他面前彎腰執了，當時的情景我仍然記憶猶新。我小時候覺得南華很霸道，亦不喜歡精工以本傷人，所以我都不支持。

梁：你是扶弱鋤強的球迷呢！

賴：那時候我喜歡愉園，喜歡鍾楚維和鄧鴻昌，所以長大後繼續支持愉園。近年來就沒有特別喜歡的球隊了，現在則比較喜歡東方多一點，但不像以前般特別支持那支球隊了。

港足關鍵戰役

梁：現在我們談一下港足重要戰役吧！大樂教授，你有沒有一些印象很深刻，或者你有入場觀戰的重大戰役？

呂：比如 1976 年南華對精工，我就是現場觀戰的，至今仍是印象深刻。如果說到國際賽事，應該是對北韓那場比賽了，雖然沒有入場觀戰，只是靠聽收音機了解賽況，但仍是非常興奮。至於電視直播的對新加坡那場賽事，就更「巴閉」了，

因為當時電視台很少讓出傍晚時間的直播時段。從那個時候起，我們對香港隊的看法開始不同了。七十年代初期開始，不少外隊來港作友誼賽，讓我們可以親睹比利、伊度、拖士圖、尤西比奧等球星的風采。我覺得應該是當年的班主，尤其是霍英東，在背後推動的。

梁：丁公，你有沒有一些印象深刻的重大戰役？

丁：很多場賽事都印象深刻，特別是對北韓那場賽事。

梁：周博士呢？

周：如果是外隊來港作賽，我有印象的是利物浦。另外就是小保加，那時候馬勒當拿還不太受人注意。如果是本地球隊的話，有兩場賽事印象尤其深刻。第一場就是南華對科威特SC，雖然我不是南華躉，但那一次它打入亞洲足協盃四強。第二場就是東亞運的決賽，那場賽事令我產生一種歸屬感。

梁：現在你們還看賀歲波嗎？

丁：以往我每年都入場觀戰的，但對本地足球的興趣逐漸減退的時候，就不一定每年都看了。

賴：因為近年賀歲波都虧蝕，所以沒有多少球會願意承擔。我也不明白，為何生金蛋的賀歲波會變成燙手山芋？

周：嘉士伯年代的賀歲波真是旺場。

賴：以前賀歲波是城中盛事。

黃：嘉士伯辦賀歲波的時候，多得有居里（綽號耶穌）在，此外，《南華早報》的記者 Robin Park 可以聯絡到很多歐洲球隊。

賴：以往，今年賀歲波還未開始，已開始籌備下一年的賀歲波，

現在是球季開始後才決定這一年賀歲波請甚麼球隊。

寄語港足

梁：我們進入最後一個環節，究竟港足是不是真的奄奄一息？文輝，你怎樣看？

賴：香港足球有超過一百年歷史，既有輝煌歲月，也經歷過千禧年前後的冰河時期。其實近年港足算是有點起色，在東亞運拿到金牌。我認為要寄望年輕一代的球員，今屆省港盃的意義比世界盃外圍賽更大，因為一班香港的年輕人可以贏到廣東隊，令我們看到香港足球的希望。

梁：剛才聽周博士講藏品的時候，提及日本搞球賽的時候會有一些配套，可以作為我們的參考嗎？

周：參考是可以的。其實像東方、傑志都有配套的產品發售，但本地球迷不太願意拿錢買這些東西，何況有些東西是我們學不到的。

梁：我覺得可以嘗試做一些與足球相關的延伸性產品。

賴：其實近年這方面已經有改善了，至少機場開設了香港隊紀念品店。

呂：我所知現在旺角球場也有類似的紀念品售賣站。

賴：其實近年很多球隊都有做這類型的推廣。

周：問題是我們要怎樣說服球迷拿錢出來買這些產品？

丁：同樣是紀念品，一件是美國大都會博物館的，另一件是香港

藝術館的，你會買哪一件？

梁：級數的問題。

丁：是名牌效應。

周：所以問題是怎樣去推廣？

丁：最重要是球員先把球踢好。

周：現在有了很多途徑讓小朋友學習踢球，其實是一件好事，例如我朋友的兒子就在南區接受青訓。我經常說不只是看球隊比賽，建立歸屬感才是最重要的。一旦有了歸屬感，你就不會離開這支球隊了。

賴：元朗這方面做得很成功，他們的球員教小朋友踢球，之後那些小朋友再看他們的教練踢球，幫他們打氣，甚至有不少家長陪同小朋友入場觀看。

周：做到這樣當然不錯，但有些球隊就是不肯在地區長駐。例如傑志說他們要在將軍澳紮根，但贏得冠軍後就立即離開了。當然，我也理解他們要計算收益，但就很難令那區居民對球隊產生歸屬感。所以歸根結底，問題仍然是如何培養下一代對球隊產生歸屬感，像以往我們對南華、精工的感情一樣。

呂：不過，在香港這種家長文化的氛圍下，這是很難做到的。對許多家長來說，小學的階段，他們會願意讓自己的小朋友去學足球，但到了中學階段，大部分家長關心的是，除非是入選校隊，否則他們一般不會讓自己的小朋友去學足球，如果是為了興趣，倒不如找一樣可以拿到證書的東西。另外，我始終覺得香港規模細小，辦足球殊不容易。六七十年代的時

候，香港只有四五百萬人，卻有十二至十四支球隊，而且很多球隊都是很優秀的，這簡直是一個奇蹟。你能不能想像英國一個大約六百萬人口的地區有那麼多支球隊，這是很難想像的事。

周：現在有太多娛樂選擇，而且小朋友也未必願意陪你去看一場球賽。

賴：看球賽的次序被排到最後了。

周：同時，要注意現在傳媒少了關注足球賽事。

梁：是報導少了？

周：不止報導少了，是不像以前那麼重視。

梁：現在還有沒有足球雜誌？

賴：有，但以外國足球為主，其中《足球週刊》算是較多關注本地足球。

周：但是，以前的足球雜誌幾乎用了全部篇幅介紹本地足球。因為報導少了，令年輕一代接觸本地足球的機會亦少了。另外，現在入場看球賽並不便宜，不少家長寧願將錢花在其他娛樂方面。

結語

梁：足球傳入香港超過一百年，我看完文輝所寫的《簡明香港足球史》，才認識到港足原來曾經有過這樣一段輝煌的日子，不少香港球員代表中國出賽，連奪九屆遠東運動會足球比賽

冠軍，真是讓我感到震驚。我希望更多香港人特別是年輕人能夠認識到這段值得香港人感到驕傲的足球歲月。我想今天的討論只是開始而非結束，以後可以有更多這類活動，介紹港足歷史以至推廣港足。最後，要感謝各位出席的嘉賓，包括偉哥、丁公、大樂教授、周博士以及文輝。

香港足球運動大事年表

年份	大事
1841 年	英國佔領香港，現代足球傳入。
1886 年	香港足球會成立
1895 年	創辦首項正式足球比賽香港足球挑戰盃，由九龍會奪得冠軍。
1896 年	香港足球挑戰盃改名特別銀牌賽
1903 年	皇仁書院與海軍船塢進行足球友誼賽，是首次有香港華人參與的現代足球比賽。
1904 年	舉辦第一屆香港學界足球賽
1908 年	・首支華人足球隊成立 ・創辦足球聯賽，共有八支球隊參加。 ・創辦第一屆滬港埠際賽
1911 年	南華代表華南地區，贏得全國運動會冠軍。
1912 年	南華因經費不足停辦
1913 年	香港球員代表中國參加第一屆遠東運動會，屈居亞軍。
1914 年	・足球總會正式獲英格蘭足總承認為會員，並以此年作為成立紀元年，並沿用至今。 ・琳瑯幻境社與孔聖會足球隊加入乙組聯賽，首次有華人球隊參加正式足球比賽。
1915 年	香港球員代表中國參加第二屆遠東運動會，首次贏得冠軍。
1916 年	・南華重組並正式向香港政府註冊，加入乙組聯賽。 ・香港中華業餘體育協會（華協）成立
1917 年	南華贏得乙組聯賽冠軍
1924 年	南華首次贏得甲組聯賽冠軍
1926 年	南華發生聯愛團事件，中華體育會成立。

年份	大事
1930 年	中華體育會連贏三屆甲組聯賽冠軍，成為首支三連冠球隊。
1931 年	五支華人球會退出足球總會，另行成立全港華人足球賽。
1934 年	香港球員代表中國參加第十屆遠東運動會，成功實現九連冠。
1936 年	·香港球員代表中國參加柏林奧運 ·中華體育會分裂，成立九華足球會，與乙組的東方一同加入甲組聯賽。
1938 年	九華足球會解散
1940 年	胡好創立星島體育會，立即加入甲組聯賽，並獲得季軍。
1941 年	12 月 25 日，日軍攻佔香港，足球活動被逼停止。
1947 年	香港華人足球聯會（華足聯）成立
1948 年	香港球員代表中國參加倫敦奧運
1951 年	胡好飛機失事身亡
1954 年	·香港球員代表「中華民國」贏得亞運足球賽金牌 ·亞洲足協成立，羅文錦任會長，李惠堂任秘書長。
1956 年	香港主辦第一屆亞洲盃足球賽
1958 年	香港球員代表「中華民國」衛冕亞運足球賽金牌
1960 年	·香港球員代表「中華民國」參加羅馬奧運，莫振華在對意大利的比賽射入一球，成為第一位在奧運足球賽入球的華人球員。 ·張子岱加盟英格蘭甲組球隊黑池
1966 年	李惠堂當選國際足協副會長
1968 年	足球總會首次派隊參加奧運足球預賽，被港協質疑業餘球員身份放棄參賽，7 月通過成立職業足球。
1970 年	流浪首次引入蘇格蘭外援華德、居里、積奇。
1972 年	何祥友獲頒 MBE 勛章
1973 年	香港隊首次參加世界盃外圍賽
1975 年	6 月，亞洲盃外圍賽在香港舉行，香港與北韓加時賽和三比三，互射十二碼負十比十一（總比數十三比十四）。
1977 年	香港隊揚威新加坡，首次贏得世界盃外圍賽小組賽出線權。
1978 年	香港電台舉辦香港足球明星選舉
1979 年	舉行首屆省港盃足球賽

年份	大事
1982 年	陳譚新成為首位在世界盃決賽週執法的華人球證
1985 年	5 月，世界盃外圍賽香港作客二比一擊敗中國，名為五一九之役。
1986 年	甲組聯賽取消聘用外援，實施三年全華班。
1992 年	香港主辦第二屆世界盃室內五人賽
1994 年	南華晉身亞洲盃賽冠軍盃決賽，但不敵艾卡迪沙，屈居亞軍。
1995 年	首次舉辦皇朝盃足球賽
1998 年	揭發打假波醜聞，五名球員被判入獄及終身停賽。
2009 年	12 月，香港贏得東亞運足球金牌。
2014 年	舉辦超級聯賽
2017 年	南華宣佈退出超級聯賽，申請降級甲組作賽。

徵引及參考書目

徵引書目

1. 阮蔚村：《遠東運動會歷史與成績》，上海：勤奮書局，1933年。

2. 任海主編：《奧林匹克運動》，北京：人民體育出版社，1993年。

3. 李峻嶸：《足球王國：戰後初期的香港足球》，香港：三聯書店（香港）有限公司，2015年。

4. 沈文彬：《中國的足球搖籃：上海足球運動半世紀 1896-1949》，上海：上海文化，1995年。

5. 韋基舜：《吾土吾情 II》，香港：成報出版社，2005年。

6. 馬麗歌：《南華足球隊回憶錄》，香港：傳通廣告有限公司，1983年。

7. 袁偉民等編：《中國足球大典》，上海：華東師範大學出版社，2002年。

8. 高立：《跟著足球看香港》，香港：次文化堂，2016年。

9. 莫逸風、黃海榮：《香港足球誌》，香港：上書局，2008年。

10. 莫逸風、黃海榮：《足可圓夢》，香港：和富社會企業，2007年。

11. 黃嗇名：《球國春秋》，香港：大公書局，1951 年。

12. 黃健翔：《足球根本不是圓的》，北京：機械工業出版社，2014 年。

13. 蔡思行：《香港史 100 件大事》上冊 ，香港：中華書局（香港）有限公司，2012 年。

14. 楊志華：《香港足球史話（1945-1969）》，香港：明文出版社，2009 年。

15. 賴文輝：《香港十大名將》，香港：青森文化，2013 年。

16. 魯夫等編：《李惠堂先生紀念集》，香港：五華旅港同鄉會，1982 年。

17. 謝永光：《香港戰後風雲錄》，香港：明報出版社，2016 年。

18. Ip Kwai-chung, *Soccer in China*. Hong Kong: The Wing Fat Printing Co.Ltd, 1925.

19. Way, Denis, *Along the Sports Road*. Hong Kong: Hong Kong Football Club, 2011.

參考書目

中文專著

1. 李惠堂：《球圃菜根集》，香港：前鋒體育書報社，1948 年。

2. 李惠堂：《足球經》，台北：維新書局，1970 年。

3. 李惠堂：《魯衛吟草》，香港：不詳，1974 年。

4. 李惠堂：《足球基本技巧》，台北：王家，1980 年。

5. 李健和、莫逸風：《李健和的上半場》，香港：博美出版社，2009 年。

6. 呂大樂等：《我們的足球場》，香港：進一步，1998 年。

7. 吳偉超：《贏自己》，香港：博美出版社，2009 年。

8. 吳醒濂編：《香港華人名人史略》，香港：五洲書局，1937 年。

9. 周家騏：《上海足球》，上海：業餘周報社，1945 年。

10. 林尚義、盧德權：《香港足球史》，香港：集英社，1990 年。

11. 韋基舜：《吾土吾情》，香港：成報出版社，2005 年。

12. 孫鍵政：《世界足球風雲錄》上、下冊，台北：聯經，1982 年。

13. 莫逸風、黃海榮：《足可圓夢 II：大埔的七年足球記》，香港：和富社會企業，2010 年。

14. 莫慶：《南華體育會演進之憶述》，香港：不詳，1970 年。

15. 梁芷珊、梁澤生：《飛馬的快樂足球：一人一故事》，香港：博美出版社，2009 年。

16. 黃文偉：《黃金歲月》，香港：香港文化館，2013 年。

17. 區志賢：《五十年代香港足球》，香港：勤 + 緣出版社，1993 年。

18. 馮嘉奇：《馮奇的足球旅程》，香港：經濟日報，2008 年。

19. 新華社體育部：《球迷手冊》，太原：山西人民出版社，1988 年。

20. 張健、朱長洲：《足球運動》，香港：現代知識，2003 年。

21. 張培德：《紀念足球界元老鐵腿孫錦順誕辰百週年》，上海：上海市足球協會，2007 年。

22. 勤奮書局編輯：《全國足球名將錄》，上海：勤奮書局，1936 年。

23. 劉修武主編：《亞洲體育》，北京：人民體育出版社，1990 年。

24. 鄧中夏：《省港罷工概觀》，廣州：中華全國總工會省港罷工委員會宣傳部，1926 年。

25. 鄧開頌、陸曉敏編：《粵港關係史（1840-1984）》，香港：麒麟書業有限公司，1997 年。

26. 盧權、褟倩紅：《省港大罷工史》，廣州：廣東人民出版社，1997 年。

27. 謝芳芳、歐偉倫：《倫・球傳》，香港：星出版，2007 年。

28. 羅傑承：《南華飯堂》，香港：博美出版社，2009 年。

29. 蕭超然：《省港大罷工》，北京：工人出版社，1956 年。

30. 魯光主編：《足球世界》，北京：人民體育出版社，1995 年。

31. 蘇少泉、黎國堯：《中國足球演義》，廣州：廣東高等教育出版社，1998 年。

中文論文

1. 伍家駒：〈西方影響下的香港體育〉，《體育科學》第十七卷第三期，1997 年 5 月。

2. 何敬恩：〈英國殖民地教育政策和香港的體育教育〉，《體育教學》第十七卷第四期，1997 年 7 月。

3. 馬宣建：〈香港體育的過去、現在與未來〉，《體育科學》第
   十七卷第三期，1997 年 5 月。

4. 趙國雄、謝紅光、段嘉元：〈香港社會辦體育運行機制的分
   析〉，《廣州體育學院學報》第十七卷第二期，1997 年 6 月。

5. 鄭夏英、吳俊賢、王宏義：〈香港南華足球會對台灣足球發
   展之影響：以 1949-1970 為中心〉，《人文與社會學報》第一
   卷第九期，2006 年 12 月。

英文專著

1. *Association of Radical East Asian Studies: Hong Kong: Britain's last Colonial Stronghold* . London: the Association for Radical Esat Asian studies, 1972.

2. Blyth, Sally & Wotherspoon,Ian, *Hong Kong Remembers*. Hong Kong: Oxford University Press, 1996.

3. Cameron, Nigel, *An Illustrated History of Hong Kong*. Hong Kong: Oxford University Press, 1991.

4. Endacott G.B., *A History of Hong Kong*. London: Oxford University Press, 1973.

5. Endacott G.B. & Hinton,Arthyr, Fragrant Harbour: *A Short History of Hong Kong*. Hong Kong: Oxford University Press, 1962.

6. Faure, Daria, *History of Hong Kong(1842-1984)*. Hong Kong: Tamarined Books, 1995.

7. Forsters, Lancelot, *Echoes of Hong Kong and Beyond*. Hong Kong: Ye Olde Printerie Ltd, 1933.

8. Gillingham,Paul, *At the Peak: Hong Kong Between the War*. Hong Kong: Macmillan, 1983.

9. Ho Dzu-fang Stanley, *A Hundred Years of Hong Kong*, Princeton: Princeton University,1992.

10. Hughes, Richard, *Borrowed Place, Borrowed Time*. London: Deutsh, 1968.

11. Kagda, Faleq, *Hong Kong*. New York: Marshall Cavendish, 1998.

12. Leung Kai-ping Benjamin & Wong Y.C. Teresa, *25 years of Social and Economics Development of Hong Kong*. Hong Kong: Centre of Asian Studies HKU, 1994.

13. Lin Tzong-bian, *Hong Kong: Economic, Social and Political Studies in Development, with a Comprehensive Bibliography*. New York: Sharpe, 1979.

14. Liu Shu Yong, *An Outline History of Hong Kong*. Beijing: Foreign Language Press, 1997.

15. Munn, Christopher, *Anglo-China:Chinese People and British Rule in Hong Kong 1841-1880*. London: Curzon Press, 2001.

16. Sayor Geoffrey Robley, *Hong Kong (1841-1862): Birth Adolescence and Coming of Age*. Hong Kong: HKU press, 1937.

17. Sayor Geoffrey Robley, *Hong Kong (1862-1919): Years of Discretion*. Hong Kong: HKU Press, 1937.

18. Shell Company of Hong Kong, *Hong Kong: the Formative Years (1842-1912)*. Hong Kong: Shell Company of Hong Kong, 1963.

19. Sinn Yuk-yee Elizabeth, *Between East and West: Aspects of Social and Political Development in Hong Kong*. Hong Kong:

Centre of Asian Studies HKU, 1990.

20. Stokes, Gwennetl, *Hong Kong in History* . Hong Kong: Government Printer, 1965.

21. Tsang Yui-sang Steve, *A Modern History of Hong Kong (1841-1997)*. London: I.B. Tauvis & Co., 1997.

22. Walters, Dan, *Faces of Hong Kong: An Old Hands Reflections*, Singapore: Prentice-Hall, 1995.

23. Welsh, Frank, *A History of Hong Kong*. London: Harper Collins Publishers, 1993.

24. Wood, Winifred A., *A Brief History of Hong Kong*. Hong Kong: SCMP, 1940.

封面圖片　　2009 年香港足球代表隊成功奪取東亞運金牌，球員表現興奮。

策劃編輯　　梁偉基
責任編輯　　梁偉基
書籍設計　　吳冠曼

書　　名　　簡明香港足球史
著　　者　　賴文輝
出　　版　　三聯書店（香港）有限公司
　　　　　　香港北角英皇道 499 號北角工業大廈 20 樓
　　　　　　Joint Publishing (H.K.) Co., Ltd.
　　　　　　20/F., North Point Industrial Building,
　　　　　　499 King's Road, North Point, Hong Kong
香港發行　　香港聯合書刊物流有限公司
　　　　　　香港新界大埔汀麗路 36 號 3 字樓
印　　刷　　美雅印刷製本有限公司
　　　　　　香港九龍觀塘榮業街 6 號 4 樓 A 室
版　　次　　2018 年 4 月香港第一版第一次印刷
規　　格　　大 32 開（140 × 210 mm）248 面
國際書號　　ISBN 978-962-04-4308-4

© 2018 Joint Publishing (H.K.) Co., Ltd.
Published & Printed in Hong Kong